AI 에듀테크와 행동 과학

인공지능총서

인공지능 시대입니다. 기계가 인간의 인지를 대신하고, 사물이 인간을 통하지 않고 다른 사물과 직접 커뮤니케이션합니다. 이에 따른 인간 삶과 문명 변화를 정확히 이해·예측·대응하는 것은 이 시대 우리 모두의 과제입니다. 인공지능총서는 인공지능 기술과 환경의 여러 주제를 10가지 키워드로 정리합니다. 관련 개념과 이론, 학계와 산업계의 쟁점, 우리 일상의 변화를 다룹니다. 인간과 기술의 현재, 미래를 세심히 분석합니다.

일러두기

- 인명, 작품명, 저서명, 개념어 등은 한글과 함께 괄호 안에 해당 국가의 원어를 병기했습니다.
- 외래어 표기는 현행 어문규정의 외래어표기법을 따랐습니다. 다만 '딥러닝', '딥마인드', '딥페이크' 등은 관행을 따랐습니다.
- 본 출판물은 교육부 글로컬대학 사업으로 지정된 한림대학교 'AI 교육 기반 창의 융합 인재를 양성하는 열린 대학'사업 지원으로 출간되었습니다. 또한 한림대학교 MHC 4.0 사업에서도 지원을 받았습니다. 도움을 주신 교육부, 한림대학교에 진심으로 감사드립니다.

AI 에듀테크와 행동 과학

이수화

대한민국, 서울, 커뮤니케이션북스, 2024

AI 에듀테크와 행동 과학

지은이 이수화
펴낸이 박영률

초판 1쇄 펴낸날 2024년 10월 28일

커뮤니케이션북스(주)
출판 등록 2007년 8월 17일 제313-2007-000166호
02880 서울시 성북구 성북로 5-11
전화(02) 7474 001, 팩스(02) 736 5047
commbooks@commbooks.com
www.commbooks.com

ISBN 979-11-288-9837-2 03500

책값은 뒤표지에 표시되어 있습니다.

차례

AI 에듀케이션, '학습자 행동-사건'으로 푸는 절대론과 구성론의 조화 vii

01 구성주의 학습 방법론 1

02 구성주의 학습 방법론에 대한 비판 11

03 u-러닝의 실패 이유 19

04 비판적 실재론 소개 29

05 심리 평가학, 구성주의 학습 방법론, 자동 평가 기술 35

06 행동 분석 인공지능 기술 45

07 행동 교정과 인지 능력 발전 55

08 시모어 패퍼트의 '마인드 스톰즈' 65

09 인공지능의 현실적 한계 극복 전략 77

10 인지 융합적 체계와 새로운 인공지능 85

AI 에듀케이션, '학습자 행동-사건'으로 푸는 절대론과 구성론의 조화

인지 과학은 지능에 관한 융합적이자 종합적인 학문이다. 이러한 융합 학문은 기술 요소의 세밀하고 전문적인 투입이라는 실제 세계에서의 요청과는 통념과 속성이 다르다. 이는 인지 과학 연구의 상업화에 가장 큰 걸림돌이었다. 이러한 문제를 해결하기 위해서, 교육에서 인지 과학적 융합 요소의 굳건한 자리매김을 위해서, 이 책에서는 빌럼 레벌트(Willem J. M. Levelt)의 인간 말하기에 대한 수직 체계화를 참조했다.

레벌트의 연구는 말하기를 의도에서 조음까지 연결된 행동으로 정의했다. 의도라는 생각으로부터 형식화라는 기호적, 논리적 체계화를 통해 메시지를 형성하고 표면 구조를 마무리하며 동시에 조음 부호화를 통해 생각을 근육 제어를 준비하는 일련의 시퀀스로 전환하며, 구체적으로는 조음 근육 100개를 순차적 · 병렬적으로 제어해 조음을 끝낸다.

분과 학문의 단순 합이 초래하는 현상적인 분열을 해

결하기 위한 인지 융합적 해결책은 수직적 체계화라고 할 수 있을 것이다. 이는 인지적 줄기세포라 명명할 수 있는데, 한번 융합해서 핵을 형성하는 데 시간과 노력이 많이 들지만, 일단 만들어 놓고 유지하면 다양한 현실적 요구에 맞춰 일일이 다시 만들 필요가 없다는 것이다. 몸의 모든 세포로 분화가 가능한 줄기세포와 흡사하다. 인간이라는 종의 생존을 위해 다양한 돌연변이 개체를 넓게 포진시켜 놓고, 변화하는 실세계의 요구 사항을 지배하는 자연 선택의 원리와 비슷한 면이 있다. 레벨트의 말하기 행동에 대한 프레임워크와 같이 학습자의 행동을 실재 3영역의 상호 작용으로 교육을 이끈다는 프레임워크는 인지 융합적 해결책의 교육 버전이라 할 수 있다.

이러한 인지 융합적 교육 프레임워크를 수립하고 나면, 위에서 언급했듯이 이 책에서 언급한 행동 과학의 교육적 사례인 영어 말하기라는 개별 사례를 벗어난 거의 모든 종류의 학습자 행동 기반 교육에 적용할 수 있는 범용성을 지니게 된다. 개별 교수 과목마다 정의해야 할 채점 기준표와 수집해야 할 학습자 행동 DB는 서로 다르지만, 이것을 어떤 순서로 어떻게 기계 학습을 잘 마무리해 원하는 자동 평가 기술의 토대를 세울지와, 이를 바탕으로 한 교사의 교수 학습 지침과 평가 대책의 방법론은 이미 마련되어 있으므로 모든 과목에서 새롭게 전선을 형성하게 되지는 않을 것이다.

학교의 정규화된 지식 체계와 매우 대비되는 오류 지식 체계를 정의하고, 데이터를 수집하고, 분류하고, 데이터를 가공하고, 기계 학습을 수행하는 일은 과거나 지금이나 매우 느리고 고된 작업이었다. 특히 영어 발음 교정이라는 작은 케이스를 연역해 일반화하려는 것이 이 책의 주된 내용이다. 구성주의 학습 방법론은 창의성 교육의 시대적인 요구 사항을 만족시키기 위한 지난 100년간의 노력이었다. 그러나 의무 보통 교육을 담당하는 국민의 학교와 개별적 창의적 능동적 교육이 이뤄지는 진짜 학교라는 이분법에서 알 수 있듯이 시간 · 비용 · 공간의 문제를 구성주의 학습 방법론에서는 해결하지 못했다. 또한 창의성이 가지는 창발성 · 무질서성 · 통제와 자유 등의 무수한 논란 때문에 아직도 창의성에 대한 대중의 관심에 비해 효과적으로 교실에서 창의성 계발을 위한 수업이 이루어지지 않고 있다. 고비용, 고관여, 저밀도의 환경에서만 구성주의 학습 방법론을 시도라도 해 볼 수 있었다. 구성주의 학습 방법론의 대표적 사례인 슈타이너 학교는 넓고 한적한 숲속에 위치해 과목이 없고 한 반이 중학교 졸업 때까지 유지되며, 교사 또한 슈타이너 교육 전용 사범 대학을 졸업하는 등 방법론과 뒷받침하는 시스템의 모든 것이 특수했다.

또한 교육 과학 철학적인 논리적 비약과 모순이 학습 방법론에 존재했다. 학습자 행동이 가지는 비통제성과 이를 어떻게 바라볼 것인가를 정하기가 매우 어렵다는 이유 탓이었다. 현실적으로 진짜 학교는 담당하고 있는 지배 계급이나 지도자 계층의 학생들의 교육을 전담하지도 않았다. 지금으로 말하자면 충실한 사교육 · 개인 교사 · 고비용의 체험 활동이 상위 계급에서는 얼마든지 가능했기 때문이었다. 설령 진짜 학교에 문제가 있다고 하더라도, 부유한 학습자 개개인은 해결책 마련에 별다른 어려움이 없었다.

구성주의 학습 방법론에서 컴퓨터와 열린 세계를 만들어 주는 네트워크는 두 가지 중대한 임무를 수행할 것이라 기대되었다. 하나는 학습자에 의한 능동적 상호 작용을 이루기 위한 시간 · 비용 · 공간의 문제 해결, 나머지 하나는 창의성의 계발을 위한 확산적, 발산적 사고를 직접적으로 도와주는 것이었다. 그러나 둘 다 실패했다. u-러닝의 범용화 실패 원인 분석이 명확하지 않았고, 또한 하이퍼텍스트라는 확산-연결적 개념을 교육 과정에서 어떻게 녹여 넣어야 하는지도 명확하게 정의해서 반영하고 발전하지 못했다.

이 책에서는 이 두 가지의 불명확성이 인지 과학적 융합에 대한 교육 과학적, 교육 철학적 이해 부족에 기인한다고 본다. 더 근본적으로는 지능의 속성에는 정신과 물질 그 양쪽 모두 다에 속하면서도 동시에 그 모두 다에 속하지 않는다는 특수함이 있음을 모르기 때문이라 본다. 이것이 인지 과학을 이해하기 어려운 이유일 것이다. 인간의 지능적 행동의 대표 격인 인간 말하기에서도 아직 불명확한 사항이 많다. 말하기에서는 의도의 형식적 체계화로 표면 구조를 형성한다. 이를 구체적인 근육 운동으로 담아내는 일이 말하기에서는 마치 박자가 정연한 악기 연주처럼 실시간에 끊어지지 않고 이어져야 한다는 제약 사항은 해결하기가 매우 어려운 과제다. 이러한 계산적인 압박을 어떻게 슬기롭게 해결하는가에 대한 아주 명확한 증거가 없다. 레벨트를 비롯한 언어 심리학자들은, 마치 신경학자들이 뇌 손상 환자들의 케이스로 뇌의 기능적 국제화(localization) 연구를 진행하듯, 발화의 오류를 통해 인간이 어떻게 표면 구조라는 구름에 떠 있는 생각을 구체적이면서 실시간성이라는 압박에 시달리는 발화로 연결하고 있는지를 깊게 조사한다. 아직 명확한 큰 그림을 얻지는 못했고, 간접적으로 띄엄 띄엄 연구의 작은 부분들이 진행되었다.

즉, 지능이라는 몹시 어려운 현상의 속성은 정신이라는 상위 단계와 물질이라는 하위 단계를 매우 다이내믹하게 연결하게 해 주는 소통자의 역할이다. 이러한 연결은 운동성이라 부르기도 모호하고 상태라고 하기에도 불명확하다.

램 바스카(Ram R. Bhaskar)의 비판적 실재론을 지능 현상, 아니면 인지 융합에 투영하자면 지능이란 실재는 비록 직접적으로 관찰되지 않지만, 학습자에게 실재하는 것이다. 이 지능이 인간의 몸이 행하는 행동으로 현실에 등장했을 때, 지능의 존재나 의미를 관찰할 수 있게 된다. 그렇지만 실재론의 입장은, 관찰할 수 없어도 실재는 존재한다는 것이다. 시장 중심(Time-to-market)적 입장은 자칫 잘못하면 '지능의 존재가 관찰되지 않으면 없는 것'이라는 지나치게 실증주의에 치우친 통념이다. 협약주의와 상대주의에 고착된 종래의 구성주의 학습 방법론과 반대의 통념인 것이다. 지능은 확률적으로 행동과 연결해서 현실에서 관찰할 수 있는데, 이는 창의성도 마찬가지다. 비선형적인 등장 · 우연한 발생이 창의성의 속성인데, 비판적 실재론으로 조망하는 지능의 속성과 같다. 지능의 발전과 창의성의 발전은 확률적으로 그 발전에 우호적이고 도움을 주는 환경이 갖춰져 있으면 높아질 것이다. 구성주의 학습 방법론은 그 확률을 어떻게 하면 더 높이는지의 문제를 해결해 내는 구체적이고 직접적인 컴퓨터 활용법을 아직 찾지 못했다. 이론에서 많이 진전하지 못해 왔다.

구성주의 학습 방법론의 지향점인 비판적 사고, 창의성의 계발은 주입식 반복 학습으로 달성할 수 없다. 그렇다고 해서 망망대해를 혼자 알아서 헤엄쳐서 건너는 데 성공하면 달성하는 것이라 하는 것은 무책임하다. 컴퓨터가 두 가지 임무를 수행할 것이라 기대했으나 달성하지 못했다. 3세대 인공지능인 인지적 인공지능의 큰 틀에서, 하이브리드 인공지능의 기술 요소를 인지 융합의 프레임워크에 투입하면 학습자 행동을 혼자서 수행하는, 알아서 하는 훈련이 아닌 체계적이고 직접적인 수행의 증가를 가져오는 틀 안으로 학습자 행동을 가져올 수 있다. 더 나아가서 외부에서 세대 전승적으로 주어지는 지식 체계를 자기 스스로 변형해 수용하는 그라운딩이 가능하다는 주장까지 포괄한다. 그 구체적인 사례가 언어 학습과 언어 행동 오류의 교정을 말하기라는 행위의 측정, 분석, 자동 평가를 통해서 성공적으로 달성했다는 사실이었다. 이는 구성주의 학습 방법론에 컴퓨터를 어떻게 활용할 것인지를 제안하는 거대한 틀과 연결될 것이다.

창의성 함양을 위한 제안: 인지 융합적 체계와 새로운 인공지능

이 책에서 제안하는 창의적 사고력 계발, 창의적 문제 해결 능력의 함양은 인지적 줄기세포의 육성이다. 무쇠솥에서 사골 국물을 우려내는 데에는 큰 노력과 시간이 소요되나, 다 끓이고 나면 이 사골 국물을 응용해 다양한 탕류를 만들 수 있다. 이미 형성된 인지적 능력, 더 압축하자면 바로 '지능'이 사골 국물의 역할을 하는 것이고 구체적인 문제들은 각각의 탕류에 해당한다. 어떠한 문제가 등장할지 예측할 수 없는 환경일수록, 창의성이 필요하다. 못 본 문제를 풀기 이전에 문제를 풀 수 있는 능력을 길러 놓는 것이 창의적 문제 해결에 중요한 것이다. 문제를 따라다녀서는 문제를 해결할 수 없기 때문이다. 이를 역량(competency)이라 한다. 생산 중심(Time-to-produce)적 사고는 학습자가 이러한 문제 해결의 역량을 기르는 데 드는 시간을 의미한다. 반면에 문제 해결의 성과는 수행(performance)이라 한다. 시장 중심적 사고에 해당한다. 인지 융합적 사고의 틀은 만들기가 매우 어렵다. 학습자가 경험과 지식을 그라운딩(grounding: 지식과 경험을 자기 것으로 만드는 일)하는 과업은 어떻게 하더라도 작업이 난해하기 때문이다. 결국 인지 과학이 융합하고 있는 지능에 관한 제 학문 – 철학, 언어학, 심리학, 신경과학, 인공지능 – 을 그 방법론적 다양함과 방대한 기본 지식, 서로의 차이점과 생경함을 극복하고서 관통해야 인지 융합적 사고가 가능해질 것이다. 이것이 지능의 시대에 새로운 교육 방법론이 지향해야 할 중요한 방향성이라 할 것이다. 구성주의 학습 방법론만 놓고 보자면, 인간의 지능이 컴퓨터 지능의 도움을 받아, 학습자의 행동을 컴퓨터가 안내해서 교사가 시간 · 비용 · 공간의 제약 조건에 얽매이지 않고 비로소 학습자의 창의성 계발에 집중할 수 있게 된다는 것이다. 이때, 미리 마련된 인지 융합적 프레임워크가 이 새로운 교육 방법론의 한가운데에 자리 잡고 있어야 한다는 전제 조건이 필요한 것이다. 또한 이 인지 융합적 프레임워크에 따라 충실히 설계되어 제조되는 3세대 인공지능이 '살아 있는 교육 체계'를 완성하기 위해 필수 불가결한 요소다.

새롭게 등장한 생성형 AI 시대에 추구해야 할 과업들

이 책은 필자가 참여한 거대 규모의 상업 프로젝트로서 하이브리드 인공지능을 활용한 구성주의 한계성 돌파를 제안했기에 큰 의미가 있다. 과거의 뜨거웠던 컴퓨터 기반 교육의 열풍이 첫째, 영어를 비롯한 행동 위주의 교육이 사교육의 온상이라는 여론에 밀려 지식 전달 위주로 되돌아갔고, 둘째, 디지털 인터랙션이 학습자 행동과 관계있으므로, 이를 가능하게 할 기대를 모은 디지털 교과서 플랫폼 프로젝트들도 매우 축소되었기 때문이다. 인공지능 혹은 교육 전용 사용자 경험(User Experience) 기반의 교과 교육은 상당히 후퇴하게 되었다. 그 결과 학생들은 스마트폰 기반 통번역기의 유려한 목소리가 흘러나오는 시대에 살고 있으면서도, 영어 어휘/문법 지식의 정론적(canonical) 암기와 복기를 시험 보고 있는 것이다. 시대의 총아로 기대받는 인공지능 아니면 컴퓨터 프로그래밍 교육도 컴퓨팅에 관한 주요 어휘 지식의 암기, 주 프로그래밍 언어 관련 문법 지식의 암기 및 복기로 '구성'될 암울한 공산이 크다.

행동 기반 자동 평가가 지식 암기 위주의 후퇴한 교육을 정상화할 것이라는 많은 평가학자의 보고서와 주장에도 불구하고, EBS에서 노출된 지식을 수학 능력 시험에서 주로 출제한다는 강력한 지식 기반 교육으로의 회귀는 결과적으로 사교육비를 감소시키고 창의적인 교육을 가능하게 할 거라는 기대와는 정반대로 사교육비를 증대시키고 주입적인 교육으로 치닫는 결과를 초래했다. 앞 절에서 언급했듯, 부유 지도층은 창의성 교육, 체험 교육을 스스로 감당할 수 있는 능력이 있기 때문이다.

극적 전환의 기회 도래는 전 지구적인 감염병인 코로나19(COVID-19)의 창궐로 인한 비대면 온라인 교육 전면화로부터 비롯했다. 또한 교육부의 디지털 교육, AI 기반 디지털 교과서의 연구 개발과 일선 학교로의 보급이 큰 회오리를 몰고 왔다. K 자 양극화(K-Shaped Economic Recovery)는 코로나로 인한 비대면, 온라인 비즈니스와 교육이 프랑스 혁명으로 인한 소상공 자영업자들의 몰락과 비슷하게, IT 플랫폼을 지니거나 이를 원활히 사용하는 층은 더 앞서 나가고, 비IT 플랫폼의 면대면 서비스 제공자이거나 스스로 온라인 교육을 통한 학습이 불가능한 중하층 학생은 훨씬 더 경제적 몰락과 학력 결손을 겪게 된다는 가슴 아픈 단어다. 특히 예체능의 경우는 사범 대학에서조차 실습 교육이 불가능했으므로, 각급 학교에서 실습이 모두 없어지다시피 했다. 여기서 두 가지의 발견이 가능하다. 첫째, 아무리 유용한 지식 전달 강화 학습이라도 지겨울 수 있다. 요한 하위징아(Johan Huizinga)의 놀이론에 입각한다면, 자동 평가 기반의 학습자 행동 진척, 동기 부여, 관리를 이 책의 논의처럼 기계와 원격 교사가 협동해 진행한다면 온라인 수업이 가지는 몰입 방해를 해결할 수 있다는 점이다. 둘째, 집체 교육에서 불가능한 일대일 레슨이 오히려 기계가 뒷받침하는 행동 관리 기제가 있다면 평소에는 학생-기계를 통한 반복 연습, 온라인 수업에서는 그 반복 연습의 매트릭스를 기반으로 한 교사의 핀포인팅 교습 혹은 감정적 격려와 감화가 진행 가능하다는 점이다. 이는 메타버스나 교육 기능성 게임에서의 적용도 가능하다. 본질적으로 화상 수업이나 메타버스 속 교육, 기능성 게임의 NPC(Non Playable Character: 사용자가 아닌 게임 속 페르소나)가 비대면 교육이라는 속성을 공유하기 때문이다. 기능성 게임이라면, NPC가 지식 그래프를 베이스라인으로 해서 학생 행동(오류 행동을 포함한) 모델을 갖고 있는 일종의 교습 코치이자 오류 행동을 하는 학생을 흉내 내는 페르소나가 될 것이다.

AI 디지털 교과서가 축적할 학생 행동 데이터는 향후 기계 학습의 알고리즘을 발전시켜, 온라인-오프라인 교실에서 시간/비용 문제로 도저히 접근이 안 되어 불모지로 내버려뒀던 구성주의적 학습자 행동을 분석하고 가이드할 수 있게 할 것이다. 쓰기 행동 영역으로 따져 보자면, 구체적으로 학교 문법에 대한 학생들의 이해와 구현 정도라는 행동 데이터, 주제에 대한 학생들의 이해와 담론 전개라는 행동 데이터의 아주 귀중한 데이터 세트를 마련하게 될 것이므로 선행 자동 평가 연구에서 국소적이고 깊이가 얕은 행동 관찰에 그쳤던 아쉬움을 해결해 줄 것이다. 이는 '살아 있는 교과서'로서 꼭 디지털 교과서가 아니더라도, 계속해서 교육 당국이 시도하고 있는 맞춤형 인공지능 기반 학습 관리 시스템, 재무-평가-수업 관리의 일원화 같은 최근의 교육 플랫폼의 기획, 실현 전략을 밑바탕으로 해서, 학생 행동이 교과 지식의 지식 그래프와 서로 상호 작용해 끊임없이 데이터를 수집 → 반영 → 지식 그래프 수정 → 기계 학습 알고리즘 업그레이드로 이어지는 AI 에듀테크에서의 선순환 주기를 만들어 낼 수 있을 것이다.

새로운 교육 방법론 – 학습자의 실재 3영역에 기반

진리는 몸 바깥에 있다는 절대주의와, 정반대로 진리는

몸 안에 있다는 구성주의는 교육 철학의 대척점에 서 있다. 지금까지의 교육 과학의 접근법은 이러한 원심력과 구심력이 팽팽히 맞서는 두 차원의 서로 완전히 다른 교육 방법론을 그대로 둔 채, 깊은 철학적 고민이 부족한 채로 매우 막연히 컴퓨터와 인공지능이, 교사의 열의와 교육 자원의 충분한 지원이 뒷받침되면 상충한 문제점을 해결할 것이라 기대해 왔다. 이 문제점을 해결하기 위해서는 열린-닫힌 체계보다 한 차원 높은 모형이 필요하다. 학습자의 실재 3영역, 몸-현실-의도의 상호 작용 모형이 그것이다. 지식 전달은 양화(量化)가 쉬우나 행동의 능동성을 포괄하는 데 문제가 있고, 창의적 탐구는 행동의 능동성을 활용하므로 창의성 접근에 용이하나 양화가 매우 어려워 관리가 거의 불가능하다. 우리는 지식적 경험과 의도를 양화하는 접근은 논리적 역설과 모순을 피할 수 없다는 점을 인지 과학적 통찰을 통해 알 수 있다. 지식적 경험과 의도가 양화될 수 있다면, 인공지능의 구현은 이미 오래전에 완전히 끝났을 것이기 때문이다. 닫힌 교육 체계이므로 지식적 경험과 의도가 양화될 수 있음을 위에서 살펴보았다. 양화가 가능한 닫힌 체계를 철저히 몸-행동의 차원에 두고 인공지능이 관리하며, 경험으로부터 출발하는 학생의 학습 의도를 인간 교사에 의한 상호 작용을 통해 학습을 진행해 나가는 역할 분담이 학습자의 실재 3영역에 근거한 새로운 교육 방법론이다.

닫힌 체계와 열린 체계 양극단의 체계를 양화가 가능한 몸과 행동, 양화가 불가능한 의도를 결합하기 위해, 상호 작용을 닫힌 체계와 열린 체계의 융합으로 설정한다. 지능 증강(IA, Intelligence Augmentation)의 부분적 지능을 참고해, 강건한 인공지능을 지식과 분류기 기계 학습의 결합인 하이브리드 인공지능으로 구현해 투입한다. 학습자의 실재 → 현실로 발현하는 방아쇠를 몸을 기반으로 한 행동으로 정의하고, 여기에 행동을 관리하고 모니터링하고 양화하는 지능형 에이전트를 투입한다. 잘 정의된 지식 그래프를 통한 학습자 행동의 피드백을 제공하며, 학습자가 자기 재귀(self-recursive)적 그라운딩을 통해 자기만의 지식 그래프를 보유하게 되는 것을 목표로 한다. 또한 경험 → 의도로 유도되는 방아쇠는 교사에 의한 지도를 통해 가능한 것으로 정의한다. 전자는 반복되는 육체적 행동을 통한 익숙해짐으로부터 출발한 표현적 학습의 모양을 갖춘다. 후자는 질적인 영역에서의 방향성 설정과 가르침을 주로 하는 교사-학생의 상호 작용 모양이다. 전자는 인간 행동-컴퓨터 상호 작용(Human Behavior-Computer Interaction, HBCI), 후자는 경험 기반 인간-인간 상호 작용(Experienced Human Interaction, EHI)이라고 이름 붙일 수 있다. 컴퓨터 혹은 지능 에이전트는 의도성을 지닌 인간 행동 전체를 분석하거나 측정하거나 평가하는 것이 아니라, 계측과 분석이 상대적으로 용이한, 깊은 생각을 요구하지 않는 숙달을 목표로 하는 반복 행동을 정확하게 행하는지를 모니터링한다. 지식 그래프의 닫힌 체계성이 강건성을 높이는 것이다. 반면, 교사는 컴퓨터가 측정한 수치를 바탕으로 창의성의 질적 영역과 같은 컴퓨터나 지능형 에이전트가 판단할 수 없는 영역의 가이드를 제공한다. 학습자가 성공적으로 자기 재귀적 그라운딩을 해냈을 경우 더 높은 차원의 적용 사례 등을 제공하는 과업을 교사가 수행하는 것이다. 능동적 탐구와 상호 작용이라는 행동적 요소를 기반으로 하는 '구성'주의 학습 방법론은 경험적 의도와 행동을 혼합함으로써 질과 양을 모두 한군데로 몰아넣었고, 이는 관리의 문제, 유한한 시간과 자원에서의 측정이라는 문제를 발생시켰다. 이에 경험적 의도와 행동을 나누어 문제를 해결하는 나눈 후 지배(divide and rule)를 지능 증강의 방법으로 구현하는 것이다. 실천할 수 있는 구체적인 교육의 방법론 모색의 차원에서, 그리고 컴퓨터-인공지능의 실현이 가능한 적용 방법론의 차원에서, u-러닝의 실패를 극복하면서도 더 나은 효과를 기대하는 것이다. 컴퓨터가 제공하는 열린 공간이라는 점에 몰두한 나머지, 모호성을 해결하지 못한 u-러닝과는 다른 전개 전략이다.

인간의 한 개체는 인류라는 전체 커뮤니티의 한 인스턴스인데, 진화론에 따르면 인류의 존속을 위해 하나하나의 개체는 철저한 상대론에 근거해 서로 같은 것보다 서로 다른 행보를 취해서, 어떤 것이 생존과 자연에의 적응을 담보할 수 없는 상황에서 최적의 해를 찾도록 해 준다. 개체 입장에서 종은 잠정적인 진리이며 종의 관점에서 개체는 실험적 존재인 셈이다. 줄에 매달려 있는 회전체가 원심력과 구심력이 팽팽히 맞서고 있는데 둘 다 평형을 이루는 것이 중요하듯, 개체와 종은 이런 균형을 이루고 있다. 기존의 단선적 선형 진행의 틀과 앞 세대의 지식 체계와 전달 규약을 잘 전달해 피교육생의 머릿속에 각인하는 일이 교육의 전부라는 닫힌 교육 체계 위주의 틀은 개체에 치중된 평형이며 학습자 스스로 구성하는 구성이 교육의 전부라는 구성주의 학습 방법론 틀은 종에 치중된 평형을 꾀하나 모두 위에서 살펴본 이유로 인해 균형을 이루기가 힘들다. 구성주의가 전체의 틀을 만드는 역할을 맡는 것이 아니라 일부분의 역할, 곧 개체라는 한 인스턴스의 탐구를 맡고, 선형 진행과 지식 전달에만 매달릴수록 종의 논리에 너무도 충실해지므로 종의 세계적 적응이라는 대의 달성에 실패할 가능성이 높다. 본 연구는 선형 진행과 지식 전달의 틀을 대신할 학습자의 비정형적 행동에 인공지능의 요소, 즉 지능 증강을 투입해 양화하고 관리할 것을 제안한다. 3세대 인공지능이 완성-완결이 되어 산출되는 인공지능 해법에 기대는 것이 아니라, 3세대 인공지능의 인지 과학적 체계를 얕은 수준의, 현재의 주류 인공지능 기술에 적용해 – 이를 지능증강이라 일컬을 수 있다 – 문제가 산적한 현업 교육에 적용한다는 제안이다. 교육에의 지능 증강이라는 실천적 문제는 u-러닝의 범용화 실패 사례에서 알 수 있듯 컴퓨터 활용의 오해, 즉 이해의 짧음에서 나온다. 정보와 지능은 층위가 다른 것이며, 이런 층위의 오해는 인공지능의 적절한 투입을 방해한다.

인공지능이 이바지할 측면의 설계는 인공지능의 한계를 분명히 인식하는 데서 출발한다. 현재의 인공지능은 지나치게 실증적이므로 나타난 데이터만으로 보이지 않는 반대 면까지 추론한다. 현실은 실재+잠재성이며 바스카의 비판적 실재론에서의 '실재'가 나타나지 않았으나 존재하는 잠재성을 지칭한다. 1~2세대 인공지능, 즉 과거부터 현재까지의 인공지능은 잠재성을 존재적으로 미리 추단하는 능력이 없다. 이것이 첫 번째 인공지능의 한계다. 불가능성 · 금지라는 개념이 인공지능에 의해 표상될 수 없으니, 도덕률을 인공지능이 지니는 것은 불가능하다. 인간 한 개체의 윤리적 판단은 종이 세대 전승을 통해 형성한 도덕률을 어떻게 개인에게 놓인 현실에 적용할 것인가의 문제인데, 인공지능이 이러한 윤리성 판단에 도움을 주거나 직접 스스로 판단하는 것은 불가능하다. 또한 인공지능은 기호적 공간과 실제적 공간의 상호 작용이 불가능하다. 몸이 없기 때문이다. 기호 ↔ 공간의 상호 작용은 체화된 인지에 의해 가능한데 인공지능은 아직 생각의 차원이다. 이제 막 시작하는 3세대 인공지능, 인간과 같이 몸에 기반한 자기 재귀적 그라운딩이 가능한 인공지능은 아직 매우 초기 단계다. 현재 단계에서의 인공지능은 구체화에 대한 고려가 없으므로, 인간이 개체로 판단하는 결론에 대해서 어떤 식의 논리적인 유도도 불가능하다. 즉, 교육자들이 이런 인공지능이 접근하지 못하는 프로세스에 대해 여전히 지도를 맡아야 한다. 다음 세대의 인공지능이 내포한 인지 과학적 체계성이란 마스터플랜을 바탕에 놓고, 인간과 기계가 역할을 분담해야 한다.

01
구성주의 학습 방법론

구성주의 학습 방법론은 학습자 중심의 능동적 활동을 강조해 개별화 교육과 행위 교육을 통한 창의적 학습을 추구한다. 이는 절대적 진리 대신 학습자의 주체적 발견을 중시하며, 교사의 역할은 도우미로 한정된다. 구성주의는 열린 교육 체제를 지향하며, 컴퓨터와 네트워크 기술을 활용해 학습자 간의 상호 작용과 개별적 의미 구성을 돕는다. 그러나 m-러닝과 e-러닝은 제한된 성공을 보였으며, 구성주의가 기대한 대중화는 이루어지지 못했다. 결과적으로 구성주의 학습 방법론은 실질적 적용에서 한계를 드러냈다.

학습자 행동이 중요한 구성주의 학습 방법론

4차 산업 혁명의 창의적 교육은 학습자가 중심이 되어, 능동적인 활동을 통한 자기만의 창조적 구성을 기반으로 한다(한종임, 2017). 과거 지식 위주의 보통 교육은 '모든 것은 변한다'는 사실만 변하지 않는 새로운 세상의 교육에 걸맞지 않게 되었기 때문이다. 새로운 교육에는 두 가지의 중요한 독립 변수가 있다. 하나는 학습자 하나 하나마다 모두 서로 다르게 교육하는 개별화 교육이요, 나머지 하나는 학습자가 직접 무엇인가를 수행하는 일을 가르쳐 주고 육성하는 행위 교육이다. 이 두 가지 독립 변수에는 포함 관계가 존재하는데, 행위 교육은 일방적인 지도를 통해 전수할 수 없으니 개별화 교육이 전제되어야 한다는 점이다. 행위를 중심으로 한 창의성 표현 교육인 예술 교육이 과거나 지금이나 일대일 개별 교수로 진행되는 사실을 상기하면 쉽게 이해할 수 있다.

구성주의 학습 방법론은 학습자 중심 교육, 즉 학습자가 개별적으로 생각하는 것은 모두 진리라는 진리의 상대론에 기반한 학습 방법론이다. 흔히 맞춤식 교육, 개별화 교육은 그 명명에서 알 수 있듯이 학습자의 수준, 진도 발전, 관심사 등에 지식을 맞춰 제공하는 전달 행위로 정의되고 있다. 그러나 교사가 학생에게 전달하는 행위는 학습 방법론에서 진리가 상대적이므로 '맞춰 줌'은 절대적인 진리를 개개인에게 개별적으로 잘 전달하는 것이 되어 논리적인 모순으로 귀결되고 만다. 따라서 상대적인 개개인의 진리는 학습자의 적극적이고 능동적인 발견을 통해서만 밝혀질 수 있다는 주장이 구성주의 학습 방법론의 태도다. 흔히 잘못 알고 있듯이 교과서의 내용을 학습자의 진도에 맞춰 빨리 진행하거나 늦게 진행하는 학습 속도 조절이 구성적 교육이 아니라는 것이다. 능동적인 탐색은 결국 어떤 식으로든지 학습자의 행동에 기반을 둔 탐구 활동과 동의어다. 결국 창의성을 최우선 과업으로 여기는 구성주의 학습 방법론의 핵심어는 '행동'이다.

닫힌 교육 체제로부터의 탈피

구성주의는 인식론과 학습 이론의 한 형태로서, 지식의 본질이란 무엇인지 그리고 아이들이 어떻게 학습하는지를 다루고 있는 이론이다. 그러나 최근 구성주의는 이를 넘어서서 수업 설계 및 평가를 위한 이론, 심리 치료 이론으로까지 확대되고 있다. 필립스(Phillips, 1995)가 지적한 바와 같이 오늘날 구성주의는 교육 이론과 실천의 전반에서 하나의 세속화된 종교라 봐도 무방할 정도다.

그는 구성주의의 유사 종교화 경향 혹은 경직된 이데올로기화 경향을 일컬어 구성주의의 추한 모습이라 비판하고 있다. 구성주의는 닫힌 교육 체제로부터의 탈피를 지향하는, 정보화 교육과 열린 교육의 인식론적 기초라고 받아들여지고 있다.

구성주의 학습법은 개별 학습자에 의한 의미를 구성한다는 점을 중요시해, '구성주의'라 지칭한다. 이는 첫째, 학습은 교과나 수업 내용을 일방적으로 전달해서 이루어지는 것이 아니라 학습자의 주체적인 의미 구성으로 이루어지며, 둘째, 학습자 혹은 학습 공동체에 의해 구성된 의미, 즉 경험으로부터 나온 의미에 독립적인 지식은 없다는 점이 구성의 핵심이다. 구성주의 학습법은 플라톤을 비롯한 그 이후의 모든 실재주의적 인식론 혹은 객관주의를 포기한다. 수많은 지각 정보를 학습자 스스로 배열함에 따라 의미를 개인적 · 사회적으로 구성하는 것이다. 닫힌 교육 체계에서 능동적 의미 탐색과 배열은 그다지 가치가 없으나, 학습을 강화하기 위해 반복하거나 이해하는 것이 닫힌 교육 체계의 특징이라면, 열림성(openness)과 능동적 의미 탐색이 잘 맞아떨어진다는 점이 구성주의 학습법의 가장 큰 특성이다. 교사는 어디까지나 학습자들이 능동적으로 세상을 구성할 때 선배

로서 먼저 그 세계를 이해해, 가능한 한 가장 합리적으로 잘 조직화해 학생들이 구성해 나가는 것을 도와주는 도우미의 역할이 된다. 학습자들에게 활동을 부여하거나 세계를 조작하거나 실험할 기회를 부여하는 것이 학습자들로부터 독립적인 세계의 구조를 학습자들이 분명하게 인식하도록 해 준다는 것이다. 구성주의의 초점은 자기 규제적인 지식의 창조자로서 학습자에게 놓여 있다.

구성주의 학습법이 유행하게 된 요인 중 하나는 철학에 기인하고 하나는 컴퓨터에 기인한다. 두 요인 모두 공통점은 고정된 닫힌 세계의 인식을 거부하고 매우 동태적인 열린 세계의 인식을 지향하고 제공한다는 점이다. 컴퓨터는 학습자 의미 구성 과정이 마이크로 월드, 하이퍼텍스트, 하이퍼미디어, 시뮬레이션, 가상 현실, 게임 기반 학습을 통해 발전할 수 있다고 믿었다. 철학적 기인인 포스트모더니즘은 고정되고 절대적이며 일원적인 종래의 사유 체제를 버리고 유동적이고 상대적이며 다원적인 열린 태도를 지향하고 있다. 교사에게 집중되었던 권력의 탈집중화 및 학생들의 반응, 경험, 지식, 세계에 대한 정당성과 가치 부여를 지향하고 있다. 이는 컴퓨터와 컴퓨터 네트워크를 둘러싼 메타 컴퓨팅 혹은 정보 이론이라는 차원에서 볼 때, TCP/IP 네트워크와 하이퍼링

크가 가지는 분권화, 탈중심성, 개방화, 경계 허물기, 양방향성, 무한대의 중간 경로 설정 가능 등과 연결되어 있다. 닫힌 세계를 허물기 위한 노력이 컴퓨터, 컴퓨터 네트워크의 본격적 도래를 맞이해 뒷받침되는 상대적인 인식론과 함께 폭발했다고 볼 수 있다.

1990년대 초반의 구성주의를 다루는 주요 해외 학술지에서는 모두 이론적 검토와 실제적 적용에 대한 구성주의를 주제로 고른 논의가 오갔다. 그러나 1990년대 중반부터 다양한 환경에 구성주의를 적용하는 것으로 방향이 바뀌었다. 멀티미디어, 열린 학습 환경, 통합된 학습 체제, 상호 작용적 학습 환경과 같이 매체나 IT, 구성주의를 연계한 논문들이 등장했다. 이윽고 하이퍼미디어의 탄생은 더 구체적인 매체 – IT – 구성주의의 연결성이 폭발하는 계기가 되었다. 노드의 선택과 연결 측면에서 통제 소재가 체제에서 학습자로 이동한 하이퍼미디어의 특성으로 인해, 하이퍼미디어는 학습의 주체가 교사에서 학생으로 이동하고, 자율적이고, 반성적이며, 책임 있는 학생의 역할을 강조하는 구성주의를 대표하는 하나의 중심적 메타포로 해석되었다. 이는 닫힌 교육 체제에서 탈출할 것을 염원해 오던 구성주의 학습법을 이론에서 미디어로, 미디어와 IT로, 미디어와 IT와 네트워크의 환경 등장으로 궁극적인 열린 교육 체제로 만들어 낼 수 있다는 매우 희망적이고 도전적인 태도를 구성주의 학습론자들이 만들어 내는 결정적인 계기가 되었다. 월드와이드웹, 인터넷, 멀티미디어 학습 환경으로 이어지는 컴퓨터 환경의 변화에 관심을 가지면서 '협동 학습', '정보 공유', '정보 탐색'이 주된 관심사가 되었다.

2000년대에 들어 구성주의에 관한 연구는 구성주의와 웹 기반 학습(Web Based Learning, WBL), 구성주의와 e-러닝의 관계에 더욱더 많은 관심을 가졌다. 구성주의가 상호 작용에 기반한 상대적 인식론을 중심에 둔 관점이므로, WBL이 가능하게 하는 사실 같은 멀티미디어 자극, 인간-인간의 상호 작용, 네트워킹 기법에 몰입하는 것은 매우 당연했다. 'high tech'는 이러한 IT의 기반을 일컫고, 물리적 시공간을 단축해 준 가상 공간에서 조밀한 인간적 상호 작용을 'high touch'로 칭하며 이러한 이슈를 뒷받침하는 이론적 기반은 사회적 구성주의로 모아졌다.

다양한 컴퓨팅 디바이스로의 확산에는 실패한 구성주의

닫힌 교육 체제를 탈출할 것을 목표로 한 구성주의 학습법은 그러나 '탈출' 그 자체에 너무 많은 관심을 기울인 나머지 많은 구성주의자들이 지목한 기술과 의미 구성에 의한 학습 주제인 1) 사회적 상호 작용 2) 개별성 3) 의사소통 4) 상황 인지 5) 연결성은 m-러닝, e-러닝이라는 시대적 IT 기반 프레임워크에서 성공적으로 구현하는 데에는 실패했다. 교육에서의 실패와 성공의 잣대는 학문적, 공공적, 상업적인 기준이 서로 매우 첨예하게 다르다. 그러나 다른 민간 IT B2C 서비스나 소비자가 사용하기를 원해 계속해서 세를 불려 나가면서 업데이트되는 인기 서비스의 경우처럼 m-러닝과 e-러닝이 거대한 하나의 표준이 되지 못했고 이마저도 컴퓨터 활용 교육, 컴퓨터적 사고, 온라인, 웹 교육 등과 같이 매우 애매하고 다양한 '컴퓨터'와 '네트워크 서비스'를 빼면 무엇이 비슷한지 알 수 없을 정도로 모호한 서비스가 지속되고 있다. e-러닝은 기존의 닫힌 교육 체계의 상징물인 칠판과 교강사의 강의를 그대로 비디오로 옮겨 놓고 다운로드나 스트리밍 서비스를 하고 있으니, 컴퓨터를 지렛대로 삼은 열린 교육 체계의 완성하고는 적어도 현재까지는 거리가 멀다. 또한 공간의 이동성, 이동을 기반으로 한 세계와의 상호 작용이 본격적으로 가능한 m-러닝의 경우 옮겨 다니는 e-러닝의 연장선, 즉 무선으로 연결된 단말기를 통해서 강의 비디오를 스트리밍하는 일 이외의 발전은 거의 없었다. 산발적으로 시도된 m-러닝, e-러닝의 특성화된 상호 작용적 서비스나 가상-증강 현실의 서비스는 아직도 논문 및 POC(Proof of Concept) 수준의 서비스를 벗어나지 못하고 있다. m-러닝의 증보 발전판인 u-러닝 역시 u-city, u-healthcare 등의 유행어 접미사를 붙인 사실 이외의 뚜렷한 진도가 나가지 못하고 있다.

참고문헌

한종임(2017). 테크놀로지를 활용한 창의성 기반 영어 교수·학습이 중학교 학습자의 영어 성취 및 창의성 신장에 미치는 영향. ≪Multimedia-Assisted Language Learning≫, 20(4), 127-154쪽.

Phillips, D. C.(1995). The Good, the bad, and the ugly: The many faces of constructivism. *Educational researcher*, 24(7), pp.5-12.

02
구성주의 학습 방법론에 대한 비판

구성주의 학습 방법론은 학습자의 능동적 탐색과 사회적 상호 작용을 중시해 관리가 필요 없다고 주장하지만, 이는 비현실적이라는 비판을 받는다. 창의성의 발산성 때문에 목표와 현실의 일치를 위한 관리가 어렵다. 또한 행동은 물리적 제약을 받기 때문에 관리 없이 학습자의 창의적 활동을 이끌어 내기는 어렵다.
구성주의는 지식의 과잉 일반화와 추상화를 통해 비현실적인 방법론이 되었으며, 이에 대한 비판이 지속된다.

문제점: 행동 관리의 비현실성

구성주의 학습 방법론에서는 학습자의 능동적 탐색, 사회적 상호 작용이 가장 중요한 학습 원천이므로 이론적으로는 관리가 필요 없다. 교사에 의한 가이던스가 필요 없거나 없애는 일에는 계속해서 비판이 이어져 왔다. 관리는 어떤 목표를 향해 현실을 점검해 지금의 현실대로 나아갔을 경우 목표와의 차이가 발생한다면 현실에 수정을 가해 예상되는 목표와 실제 목표를 일치하도록 만드는 일이다. 체중 관리, 금전 관리, 시간 관리 같은 관리가 일상생활의 관리 개념이다. 학습 관리에서는 누구나 익숙하게 알고 있듯이 배우고 익혀야 할 과업을 목표로 설정한다. 관리 주체는 목표를 기간으로 나눠, 매일 매시간 어떤 분량의 분할된 과업을 시간상으로 뒤처지지 않게 익혀 나가는지를 관리한다.

구성주의 학습 방법론에서 행동 관리는 첫째, 방법론의 원리상 '안' 하고, 둘째, 기술의 한계로 '못' 해 왔다. 먼저 관리를 '안' 하는 것을 살펴본다. 구성주의 학습 방법론은 창의성의 계발을 목표로 하고 있다. 창의성의 본질은 이심성(eccentricity: 중심에서 벗어나려는 성질) 혹은 확산성(diffusion: 주변으로 퍼져 나가는 성질), 발산성(divergence)과 같이 시간이 흐를수록 더 커지고 바깥으로 뻗어 나가려는 성질이다. 새로움을 만들려면 더 많은 것에 연결되어야 하기 때문이다. 이 본질 때문에, 구성주의 학습 방법론에서는 개인의 상대적인 세계관이라는 중심점이 점점 뻗어 나가서 세계를 인식하는 독자적인 구성(construction)을 만들어 내어 사회가 형성된다고 본다. 관리는 정반대로 목표와 현실을 일치시키려는 일체성이 본질이다. 학습 관리로 본다면 학습 목표라는 중심점으로 현실을 향하게 만드는 구심성이다. 간섭, 개입하지 않고 놔두면 발산해 목표와 현실이 차이가 생기는 일을 적극적으로 없애는 일이 관리다. 창의성이 순간마다 바깥으로 뻗어 나가는 발산, 확산 행위인데, 구성주의 학습 방법론에는 중심이 학습자의 개별적 상대성이므로 '관리'를 할 목표가 없다. 본질상 관리를 '안' 하는 것이다.

행동은 의도를 물리적인 차원으로 변화시키는 것이므로, 물질적이다. 물질적이므로 시간 · 공간 · 비용 차원의 요소가 결부된다. 창의적 '사고'는 정신 활동이므로 물리성이 없다. 그러므로 비용이 없어서 생각을 못 하거나, 생각할 수 있는 최대 개수가 정해져 있다거나 하는 제약성이 거의 없다. 그러나 행동은 물리성에 기반하므로 많은 제약 조건이 뒤따르게 된다. 구성주의 학습 방법론이 능동적 행위에 근거하지만, 관리를 '안' 하므로, 이상적이기만 하고 비현실적인 방법론이라 집중적으로 비판받는 근본적 이유다. 학습자는 학습자 경험과 의도를 행동에 투영하는 어려운 일을 계속해서 해 나가는데, 이때 교사가 개입해 방향을 잡아 주고 가이드를 제시하는 일을 '안' 한다. 시간 · 공간 · 비용이 무제한으로 주어지면 학습자는 시행착오를 거쳐, 확률적으로 학습자 각 개인만의 진리를 발견할 수 있다. 그러나 현실은 무제한성과 양립할 수 없다.

구성주의 철학의 근저에는 앵커가 없는 상대주의를 극복하기 위한 간주관성과 도구주의가 배치되어 있다. 이들은 끊임없이 변하는 현실이라는 상황과 이를 추상적으로 정의한 질서인 불변하는 지식을 연결하게 하기 위한 메커니즘이다. 그러나 나에게 구성된 원리가 타인에게도 존재한다면 이는 일반화된 지식이라는 간주관성과 닫힌 체계 한 영역에서의 입증된 지식은 다른 영역에서도 마찬가지일 것이라는 도구주의는 모두 귀납적 오류를 갖고 있다. 단 하나의 예외적 사례인 검은 백조(black swan)가 등장해도 이 일반화는 무너지기 때문이다. 더 나아가서 교육은 학습자의 능동적인 구성으로 학습자 지식을 구성하는 데 도움을 주는 것이라는 주장과,

교육은 학습자가 지식을 구성하는 것이라는 주장은 서로 전혀 다르다. 행동을 통해 구성에 도움받는 것은, 일반화되어 세대 전승되는 지식에 기반해서 학생들이 행동을 통해 나름대로 지식을 구성하는 것이, 세대 전승하는 지식이 없는 공허한 상태에서 오로지 경험적 행동만을 통해 지식을 구성하는 것하고는 관련이 없기 때문이다. 가르치는 지식이 아니라 학습자의 능동적인 행동을 통해 나오는 구성의 결과물이 지식이라는 견해는 많은 문제가 있다. 과잉 일반화, 근거가 부족한 추상화를 통해 만들어진 지식은 개개별 상황적 상황을 뛰어넘어 '과학적'이고 '범용-일반적'으로 사용되기 위한 검증 단계를 전혀 거치지 않았기 때문이다. 이는 지식의 주입과 강제적 전달이 가져오는 해악에 대한 대안으로서의 구성주의 학습 방법론이 지식의 원천과 정제, 고도화라는 과정상의 정교한 이론 개발보다는 그 결과물인 창의성, 구성성이라는 점에 너무 매몰되었다는 점이 이러한 오류의 근원이라 지적할 수 있다. 이러한 구성을 둘러싼 많은 논란을 해결하기 위해, 구성주의 학습 방법론은 발산성과 학습성을 학습자 행위와 바인딩하기 위한 다른 방법을 제안했다. 그러나 대안적 방법 역시 큰 반향을 일으키지는 못했다. 컴퓨터는 지식의 저장과 배분, 공유와 전달에 큰 강점이 있으면서도 지식을 경험적으로 공유할 수 있는 멀티모달(multimodal) 데이터 표현, 즉 멀티미디어나 가상 현실과 같은 실재화 기술 (reality technology)의 활용에도 큰 강점이 역시 존재하므로 시간과 비용을 줄여서 더 많은 경험을 학생들에게 제공해 지식의 구성을 도울 수 있다는 견해가 바로 그것이다. 1980년대 미국의 교육 공학자들이 레프 비고츠키(Lev Semenovich Vygotsky)와 장 피아제(Jean William Fritz Piaget)의 교육 이론을 부활시켜 구성주의 학습 방법론을 체계화한 근저에는 컴퓨터에 대한 믿음과 기대가 있었기 때문이었다. 이때, 구성주의자들은 지식과 데이터를 결합해 지능화한 인공지능에 관심이 있었던 것이 아니라, 멀티미디어-멀티모달과 같은 실재화 기술에 관심이 많았던 것이었다. 경험, 체험의 극대화를 통한 지식 구성이 구성주의 학습 방법론의 가장 큰 목표였기 때문이었다. 구성주의자들이 지식의 표현과 경험을 획기적으로 뒤흔들어 놓은 1990년대의 하이퍼텍스트에 열광한 것도 실재화 기술에 대한 열광과 같은 맥락에서였다.

상대주의의 한계

구성주의는 협약주의(conventionalism) 과학관에 근거하며, 실증주의에 대한 비판으로부터 출발한다. 즉, '상대적 지식 구성'이라는 명제와 구성주의가 가진 대안적 성격, 열린 교육으로의 지향점이 이 협약주의로부터 논리적 타당성을 구축하고 있다. 객관성은 정답이 있다는 생각이고, 개인의 생각이 객관적 정답에 따라가는 것이 바로 '닫힌 교육'이기 때문이다. 상대성은 무한한 개수의 조합을 통해 열려 있음을 가능하게 한다.

"모든 크레타인은 거짓말을 한다"라고 어떤 크레타인이 말했다면 이 명제는 참인가 거짓인가? 라는 명제 진리값 추정과 비슷한 문제다. '카페 벽 착시 현상'은 가로선들이 사실 전부 평행한 직선이다. 이 경험의 이론 의존성에 대한 반박은 우리의 지식적 판단과 지각적 경험이 서로 관계가 없다는 것에서 더 나아가 우리가 가로선이 전부 평행하다고 판단할지라도, 우리에게는 가로선이 평행하게 보이지 않는다. 경험이 이론 의존적이면, 경험의 절대성에 대한 타당한 비판이 되나, 그렇다고 해서 곧 경험이 이론 결정적이라는 결론이 도출되지는 않는다.

상대적 지식 구성이라는 구성주의의 전제는 확실하게 상대주의적 관점의 한계를 갖고 있다. 또한 구성주의자와 상대주의자들은 실증주의에 대한 비판을 지식의 객관성에 대한 비판으로까지 전면적으로 확대하는 오류를 범했다. 구성주의자들은 객관주의(objectivism)를 고정된 진리의 존재를 상정하는 초역사적 · 초공간적 · 범우주적 진리를 발견하려는 입장이라 정의한다. 이는 논리 실증주의(logical positivism)가 객관주의와 같다는 주장이다. 그러나 이는 객관주의에 대한 잘못된 정의다. 객관주의의 참된 정의는 어떠한 지식이나 명제의 성질이 개인으로부터 독립되어 있다는 견해다. 어떤 이론이 가치 있는지는 그 이론이 객관적으로 지지받는지 아닌지의 여부에 달려 있다. 지식이 객관적 대상으로서 실재한다는 견해가 객관주의가 아니며, 지식이 절대적 진리의 지위를 갖는다는 견해도 아니다. 실증주의자들은 앞선 주장과 같이 절대적 진리를 상정해 놓은 것이 아니라 반대로 지식의 오류 가능성을 인정하고, 지식의 객관성을 확보하기 위한 방법으로 경험이 필요했다. 그러므로 객관주의와 논리 실증주의가 같다는 구성주의자들의 입장은 틀렸다.

03
u-러닝의 실패 이유

u-러닝은 컴퓨터와 통신 기술을 기반으로 언제 어디서나 학습할 수 있는 환경을 제공해 교육의 한계를 극복하려 했지만 실패했다. 주된 이유는 세 가지다. 첫째, 높은 비용 문제로 과목마다 소프트웨어 개발이 필요했다. 둘째, 다양한 학습 활동을 지원하기 위한 소프트웨어의 품질 보장이 어려웠다. 셋째, 구성주의 학습이 교육 전체를 커버할 수 없다는 점이다. u-러닝은 현실적인 적용에 실패해 기대했던 교육 혁신을 이루지 못했다.

u-러닝: 현실 적용에 실패한 이상적 플랫폼

학습자 행동을 구체적인 삶과 생활의 맥락에서 정보화해서 시간 · 비용 · 공간의 한계 문제를 돌파하겠다는 아이디어가 u-러닝이었다. u-러닝은 발달한 컴퓨터 기술과 통신 기술을 바탕으로 언제 어디서나 접속이 가능한 컴퓨팅 환경 기반의 학습이다. 정보 통신으로 연결된 세계에서, 어디 앉아서 단말에 접속하는 형태가 아닌, 들고 다니거나 휴대하면서 컴퓨팅이 가능한 환경에서 학습자의 적극적인 참여와 활동으로 진행되는 학습자 중심 교육이다. 유비쿼터스는 영어로는 'ubiquitous'로, 원래 신학 용어 '편재(偏在, omnipresence)'이며 '신은 어디서나 임재함'을 의미한다. 신이 임하는 것을 임재(臨在)라 하며 영어로는 'presence(나타나다, 있다)'다.

유비쿼터스 컴퓨팅은 컴퓨팅 환경을 정의한 내용이므로, 이걸로 무엇을 할 것인가에 따라 매우 많은 서비스를 얻을 수 있다. '유비쿼터스'는 특히 이동 통신 기술의 본격적인 발전으로 대중화됨에 따라 휴대전화+컴퓨터의 형태 아니면 스마트폰의 전신인 PDA의 모습으로 대중 서비스를 시작했다. 유비쿼터스 러닝은 구성주의 학습 방법론의 열린 교육 체제에 대한 동경에 불을 붙이기에 충분한 환경이었다.

u-러닝의 쇠락

구성주의 학습 방법론자들의 희망찬 전망대로 u-러닝은 21세기의 교육적 방향성인 창의적 교육, 개성적 교육, 열린 교육을 실현하는 중요한 플랫폼으로 성장했는가? 구글 트렌드의 u-러닝 관심도 우하향 방향의 변화, 교육 당국의 보고서나 학술 논문 발간의 거의 중단 · 휴지로 보아서는, 거대한 교육 체계의 일부분을 담당해 주체적이고 능동적인 발견 학습 도구를 사용하는 일부 학습 진행 부분을 만들어 내기에는 고비용, 과다 시간과 인력 소요라는 교육 행정상 비용 편익 분석(cost-benefit analysis) 상의 타당성 부족일 가능성도 있다. 이 실패 가능성을 첫째, 비용의 문제, 둘째, 소프트웨어 품질 보장의 문제, 셋째, 구성주의 학습이 교육의 전체라는 전제 아래 설계된 u-러닝 학습 방법론 문제, 이 세 가지 측면에서의 문제로 나눠 살펴보자.

u-러닝 실패 이유 1: 비용 문제

일반적인 e-러닝의 학습 관리 시스템(LMS, Learning Management System)은 주된 콘텐츠가 교실 수업 VOD이므로, 어떠한 과목의 강의든 표준적 비디오 규약으로 송출된다. 영어 수학이라 해서 지리 사회와 비디오 포맷

이나 코덱(codec)이 달라져야 할 아무런 이유가 없다. 학습자가 이 강의 비디오를 언제 시청했는지, 언제 중도 이탈했는지, 언제 완료했는지가 관리의 주 포인트가 되며, LMS는 비디오의 안정적인 전송에 대한 시스템적 품질을 유지하면 된다. 비디오 수업 중간에 형성 평가를 위한 퀴즈가 제공되기도 하나, 인공지능을 이용해서 형성 평가 내용을 통해 학습자에게 맞춤식으로 콘텐츠를 제공하지 않는다면, 형성 평가 자체는 학습 콘텐츠의 선별에 큰 영향을 주지 못한다. 비디오 수강이 완료되면, 단원 평가를 위한 시험을 보통 다지선다형으로 진행해 최종적으로 기준선을 넘는 정답을 맞히면 학습이 잘 이뤄진 상태이므로 단원을 성공적으로 이수한 것으로 간주하고, 과정은 종료된다.

u-러닝의 경우는 사회적 상호 작용, 개인적 맥락에서의 경험을 u-러닝 플랫폼이 지원해야 하므로 VOD 기반 e-러닝 플랫폼에 비해 철저하게 과업 지향적이다. 이 말은 단위 학습 활동별로 러닝 플랫폼이 서로 각각 만들어져야 한다는 것을 의미한다. 범용 e-러닝 플랫폼이 과목별로 서로 달라져야 할 부분이 크지 않음에 비해 u-러닝은 '국어' 한 과목에만도 커리큘럼에 설계된 학습 활동 하나하나마다 응용 소프트웨어와 서버 프로그램이 필요하

다. 위에서 살펴본 u-러닝 특성이 반영된 사례 전체를 꿰뚫는 범용 u-러닝 LMS를 만들기는 매우 힘들다. 그러므로 u-러닝은 파편화된 과업별로 매우 많은 개수의 소프트웨어를 개발해야 달성할 수 있는 시스템임을 알 수 있다. 비용의 문제가 u-러닝의 범용화에 방해물로 작용했다고 추정할 수 있다.

또한 사회적 구성주의를 발전시키기 위한 협력 학습 소프트웨어와 통상의 학습 소프트웨어를 개발 및 비용이라는 관점에서 비교하자면, 하나의 과업을 공동으로 수행하는 시스템을 설계해 개발하는 비용이 훨씬 많이 든다. 공동 과업은 참여자의 과업이 서로 얽혀 있음을 의미하고, 학습 플랫폼이니 교사-학생 개개인의 상호 작용도 필요하며, 학생-학생의 공동 과업 수행도 필요하고, 교사-학부모의 상호 작용도 필요하다. 위에서 지적한 대로 과업은 학습 활동마다 전부 서로 달라서, 서로 다른 공동 과업 각각에 이 모든 상호 작용에 대한 설계와 구현이 다르게 이루어져야 한다. 한 학기 15강마다 서로 다른 협력 학습 과업 진행을 목표로 한다면 그렇다. 문헌 속 u-러닝 사례에 등장하는 각각의 시스템이 서로 매우 다른 성질을 가진 플랫폼이라는 점을 상기하면 이해가 쉽다. u-러닝은 매우 고가의 학습 플랫폼이 있어야 한다.

또한 통일적 표준 플랫폼이 아니라 다양한 '행동' 요소를 부분적으로 각각 담당하는 모듈을 매우 많이 만들어야만 한다.

u-러닝 실패 이유 2: 소프트웨어 품질 보장 문제

지능의 관점으로 통일해서 언급하자면, u-러닝의 협동 학습 플랫폼은 플랫폼의 지능이 높은 것이다. 사용자가 익숙해지려면 시간이 걸리고, 사용자(학습자)마다 플랫폼에서 데이터를 입력하고 데이터를 조회하는 방법이 다르므로 플랫폼의 완성도와 성숙도가 상당히 높아야 하며, 사용자(학습자)가 제대로 플랫폼을 사용하려면 오랜 시간 동안 시행착오를 기반으로 익숙해져야 하고, 필요하면 교육도 받아야 한다. 다중 협력 작업을 위해 마련된 플랫폼의 사용자 경험(UX, User Experience) 문제다. 거의 범용 표준화된 VOD e-러닝 플랫폼의 경우, 공급자나 사용자의 심리에 '표준'이라 할 수 있는 정신 모형이 존재하므로 수요자-공급자 간에 큰 이슈가 불거지지 않는다. 반면 앞서 살펴봤듯이 과업마다 다른 행동을 요구하고, 사용자마다 과업 수행의 방법이 미묘하게 다르고, 공동의 작업자가 하나의 목표물을 같이 만들어 나가는

u-러닝 플랫폼은 공통-범용의 요소가 거의 없다. 이 경우 문제가 되는 점이 소프트웨어의 품질 문제다. 파편화된 사용자 경험 m개가 또한 서로 다른 과업들 n개에 걸쳐 존재하는 경우 문제 공간은 m × n으로 폭증하게 되어 시스템 안정성 품질 유지, 사용자 경험의 통합적 유도와 반영이라는 인터페이스의 품질 유지가 매우 힘들게 된다. 즉, 시험으로 말하자면 한 종류의 시험을 여러 번 시행착오를 거쳐 치러야 시험 보는 요령 파악과 실력 발휘가 가능한데 u-러닝 플랫폼 개발자의 처지에서는 매시간의 시험지가 서로 다르니 감당이 어렵다고 하겠다. 이는 필연적으로 개발된 소프트웨어의 품질 보장이 거의 불가능하거나, 품질 보증을 위한 테스트에 엄청난 시간이 소모된다는 좋지 않은 결론으로 흘러간다. u-러닝 플랫폼은 개인별 능동적 탐색(발견) 학습, 서로의 상호 작용에 의한 사회적 구성주의를 달성해야 하므로 소프트웨어의 완성도가 매우 높아야 한다. 개인적인 메모장을 작성하는 시스템은 남과 나의 연관성이 전혀 없지만, 메신저의 경우는 수신과 송신 모두가 시스템에서 중요하다. 즉, 복잡하지만 그만큼 더 시스템이 완결적이어야 한다는 역설이 존재한다.

u-러닝 실패 이유 3: 구성주의 학습이 교육의 전체라는 전제 문제

가이드를 전혀 주지 않는 순수 발견 학습을 진행하고자 할 경우, 협력 학습이나 개인적 맥락에서의 경험 학습은 컴퓨터가 도와줄 일이 많다. 즉, 학습 기회의 제공이라는 차원에서 u-러닝 플랫폼은 '발견 학습 도구'로서의 굳건한 자리매김이 가능하다. 그러나 '교육'이라는 전달하고 전달받는 차원은 해결하기 힘든 문제가 기다리고 있다. 전달이라는 과정은 주고받는 과정의 확인이 있어야 한다. '확인'은 다른 말로 '관리'라는 단어로 치환할 수 있는데, 교육에서 미리 정해진 교육 목표를 학생이 달성했는지를 확인하는 일이 바로 교육 관리다. 앞서 살펴본 대로 학습자 행동의 관리라는 점은 구성주의 학습 방법론에서 학습의 핵심이지만 가장 다루기가 까다로운 뜨거운 감자다. 기본적으로 구성주의 학습 방법론은 '관리'와 직접적인 관계가 없다. 교육 과정의 목표를 미리 정해 놓고 정해진 시간에 정해진 활동으로 친숙하게 머릿속 기억을 강화해 나가는 일은 구성주의자들이 빌린 피아제와 비고츠키의 조절(assimilation)이나 ZPD(Zone of Proximal Development, 근접 발달 영역)가 아니라 파블로프(Ivan Petrovich Pavlov)의 고전적 강화와 가깝기 때문이다.

이를 질과 양이라는 개념으로 접근해 보자면, 관리를 위해서는 양화(quantification)가 필요하다. 진행도, 성적 등수, 성적 점수, 성취도 등의 양이 학습과 관련되어 있다. 이에 반해 질적인 측면은 관리가 어렵거나 거의 불가능하다. 이는 사실상 창의성의 근본 핵심 측면으로서 창발성(創發性, emergent property 혹은 emergence)이 양화가 어려워서 갑자기 불쑥불쑥 튀어나오는 성질에 기인하기 때문이다. 열린 교육 체계를 지향하는 구성주의 학습 방법론이 사회적 구성주의와 개인적 맥락에서의 경험을 그토록 소중하게 다루는 까닭이 바로 여기에 있다. 관리를 위해서는 양화가 필요한데 양화는 구성주의 학습 방법론의 개인적 경험을 백지화시키므로, 관리를 포기하는 태도, 즉 학습에 치중하고 교육=관리를 학습이 끌어 나가기를 바라는 학습 방법론이 구성주의 학습 방법론이라 하겠다.

교육 현장에서 교육의 세 주체인 학생, 교사, 학부모가 '양'에 관해서 모두 일치한 견해를 보유하고 있다고 주장하기는 어렵다. 학생 측면에서 볼 때, 관리 대상으로서의 학생에게 양에 의한 관리는 창의성 발현과 그다지 관계가 없을뿐더러 위에서 밝힌 대로 개인, 능동, 발견과는 아무 상관도 없어서 '놀이'와 '재미' 같은 개인 차원의 깨달음을 방해하기 때문이다. 교사나 교육 당국이 양과 질적인 측면 모두를 만족하는 교육 과정을 설계하고 시행하려 노력을 다하고 있으나 교사:학생=1:다수인 집체 교육의 현실상 관리하기 어렵고 지도하기 어려운 창의성 교육이 항상 우선순위에서 밀리고 있는 것이 교육 현장의 현실이다.

교사들이 창의성을 지도하고, 평가하고, 관리하기 위해서는 양적 학습과 전혀 다른 방법론이 필요하다. 구성주의 학습 방법론이 이를 해결할 철학적 근거, u-러닝이 현실적인 플랫폼이 될 것으로 기대를 모았으나 실패하고 말았다.

컴퓨터와 네트워크, 즉 정보 처리 플랫폼을 통해 열린 교육 체제를 만들어 닫힌 교육을 극복하고자 했던 u-러닝은 21세기의 지배적 교육 플랫폼으로 성장하는 데, 즉 범용화 플랫폼이 되는 데 실패했다. 학습자 행동을 현실적 맥락과 유기적으로 결합해 구성주의 학습 방법론을 실현하려는, 컴퓨터와 네트워크의 적극적인 활용 노력에서도 행동 학습이 가지는 어려움을 극복해 내지 못한 것이다.

04
비판적 실재론 소개

구성주의 교육학은 창조성과 개별성을 중시하나 과학성과 연결되지 못해 문제를 안고 있다. 이를 해결하기 위해 비판적 실재론이 제안되었다. 비판적 실재론은 세계를 실재, 현실, 경험의 세 영역으로 구분한다. 실재는 고유한 성질을 가진 객체 자체, 현실은 그 객체의 성질로 인해 발생하는 사건, 경험은 인간이 이를 지각하는 것이다. 실재와 경험을 연결하는 '사건'의 중요성을 교육에 적용하고자 한다.

구성주의와 절대주의 모두를 통합할 새로운 철학의 필요성

구성주의 교육학은 세계 인식에 대한 기존의 통념과 매우 다른 세계관에 기인하고 있다. "열린 교육"에 대한 갈망이 그 탄생의 근원적 심리이고, 사회에서 창조성과 개인성, 상상력과 개별성이 매우 중요해졌다는 시대적 요구가 역시 강력한 동인이라 하겠다. 그러나 구성주의가 갖고 있는 철학적 견해가 과학성과 연결되지 못하고 있다는 점이 가장 큰 약점이며, 밝혀내는 작업이 모자라거나 불충분하다는 점을 넘어서서 구성주의 학습법의 철학적 모순, 과학적인 연결 고리의 모순, 결과적으로 정보기계인 컴퓨터가 강력하게 구성주의 학습법을 뒷받침해주지 못하고 있다는 실제적, 상업적, 현실적 문제점이 계속해서 등장하는 까닭이 바로 이 철학과 과학의 연결점이 구성주의에서 애매모호하기 때문이다. 즉, 철학과 과학이 어떤 식으로든 연결되어야 컴퓨터가 뒷받침하는 구성주의의 "열린 교육"을 가능하게 하고 해결하게 만드는데, 열린 교육의 비선형적이고 확산적인 체계를 지면에 정착시키고 뿌리를 내리게 하는 데 실패한 가장 큰 원인으로 과학과 철학의 관계성 설정 실패를 지목한다. 인공지능에서도 인과 관계 등의 심층적 관계성이 분류기 기반의 단순 패턴 인식-표상 학습에서 강건성이 문제가 되는 것과 문제의 원인이 같다. 인공지능과 인간 지능에서 공통으로, 표면적인 경험에만 근거한 체계성이 실제로 체계적이지 못해 문제가 되는 것이다. 절대주의 학습법의 외적 진리 탐구가 변화무쌍하게 움직이는 세계의 적응을 방해하므로, 적응성을 최대화하는 구성주의 상대론이 학습 철학이 되어야 한다는 구성주의자들의 반작용 역시 문제가 있다. 따라서 이 둘을 포함하는 새로운 철학이 필요하다.

로이 바스카의 비판적 실재론

로이 바스카와 동조자들을 중심으로 전개되고 있는 과학 철학의 한 흐름인 '비판적 실재론(critical realism)'에 근거를 두고 교육 과학과 교육 철학의 관계를 설정해 문제를 해결하는 방안을 제안 · 검토해 보자. 존재론이 경험과 적당히 섞일 수 있는, 마치 동력 전달 체계에서 '클러치' 같은 임무를 수행하는 혼합의 단계를 바스카는 설정했다. 즉, 실재의 영역을 세 가지로 나누어, 양쪽 끝이 실재와 경험, 가운데의 혼합 단계가 현실적 영역이다.

세계에는 인간이 경험을 통해 그것들에 접근할 수 있는가와 무관하게 존재하는 '실재들'이 있다. 그 실재들은 자체의 고유한 성질에 따라 운동하며 결과로써 '사건'을 산출한다. 그 사건 중 일부를 인간이 감지하는 것이다. 또한 어떤 경우, 실재의 운동에 인간이 개입해서 세계의 실재들과 함께 특정한 사건을 만들어 내기도 한다. 그렇다 하더라도 인간의 '경험'은 실재의 존재와 운동 그리고 사건의 발생에서 우연적일 뿐이다. 간단히 말해, 고유한 성질을 가진 객체 자체와 그 객체의 성질이 나타나서 발생하는 사건들과, 그런 사건들을 인간이 경험적으로 지각하는 것은 서로 관련되어 있기는 하지만, 결코 그들이 같은 것은 아니다. 우리는 세계를 첫째, 존재하면서 조건에 따라 문제의 사건을 발생시키는 실재, 둘째, 발생하는 사건들 그 자체, 셋째, 사건들과 관련한 우리의 경험이라는 세 영역으로 구별할 수 있다. 바스카는 이런 상식적인 구별을 '실재적(real) 영역', '현실적(actual) 영역', '경험적(empirical) 영역'으로 개념화한다.

사건이라는 어떤 조건에서, 즉 어떤 실재적 영역에서 방아쇠가 당겨졌을 때 나타나는 일이 바로 실재에서 현실로 넘어오게 되고, 계속해서 같은 조건에서 나타나는 이것을 경험이라 하고, 경험이 계속될 때 인과 관계를 설명할 수 있는 단서를 제공하게 된다. 현실이 실재이기도 하고 경험이기도 하는데, 그것으로 이끄는 하나의 통로가 '사건'이라는 개념이 바로 비판적 실재론의 가장 중요한 핵심이다. 또한 기제는 실재하지만 사건으로 나타나든 말든 간에 존재하는 사물의 힘이나 운동 방식이다. 이렇다면 과학의 목표는 자연 기제에 대해 어떠한 식으로든 설명, 즉 지식을 생산해 내는 것인데, 이때 기제는 경험에 의존한 관찰이 아니라 독립적으로 존재하고 초사실적으로 작동하는 기제에서 나타나는 사건들을 모아서 경험칙으로 종합하는 것임을 알 수 있다. 다만 기제는 직접적으로 관찰할 수 없으므로 위해서 제안한 바대로 '클러치' 역할을 하는 현실적 영역이 존재해야만 한다. 근대 과학 철학의 오류 중 하나는 현실적 영역이 기제, 곧 메커니즘에 의해 움직이는 존재론이라고 잘못 지적하는 것이다. 사건이 현실 영역에서 실재와 경험을 연결해 주는 다리요, 실재는 자동의 영역, 경험은 타동의 영역이고, 사건이 일정한 조건에서 계속해서 일어난다는 전제는 일부분 과정 철학과도 연결된 통찰이라 할 수 있다. 물리적인 법칙이나 학습자 바깥에서 형성되어 있는 질서, 혹은 지식에 의한 사건 발생과 현상으로서 학습자가 축적하는 경험이 서로 만난다는 점은 지각 → 인지 → 행동이라는 일방의 정보 흐름이 인지의 전부가 아니라는 견해다.

05
심리 평가학, 구성주의 학습 방법론, 자동 평가 기술

심리 평가학은 루브릭을 사용해 학습자의 행동을 평가하는데, 이는 정답을 중시하는 다지선다형 평가와 다르다. 구성주의 학습 방법론에서는 학습자의 행동을 평가해 역량을 파악하고 성장시키는 것이 중요하다. 자동 평가 기술은 이를 실현할 수 있지만, 높은 비용과 복잡성으로 인해 널리 사용되지 못하고 있다. 특히 영어 말하기 평가에서 이러한 기술적 어려움이 두드러지며, 다양한 학문 영역의 융합이 필요하다.

심리 평가학과 구성주의 학습 방법론

학습 관리와 학습 평가의 대표적인 방법이 다지선다형 문제 풀이다. 이는 정답이 정해져 있는 매우 간편한 심리 측정 방식이다. 어떤 지식에 대해서 학습자가 알고 있는지 모르는지를 손쉽게 스크리닝할 수 있다. 심리 측정학(Psychometrics)은 숫자로 양화한 수치를 측정한 값을 배정하는 측정(measurement), 배정된 값을 실제 학습자에게 시행해 얻어 내는 검사(testing), 산출된 값을 바탕으로 평가 대상에 대해 가치 판단을 하는 평가(evaluation), 마지막으로 값을 통해 학습자 개인에 대해 전체적인 조망을 하는 사정 혹은 총평(assessment)으로 구성된다.

심리 측정과 단순 행동 서술 혹은 행동 묘사가 다른 점은 행동에 숫자로 양화한 값을 미리 척도로 매겨 놓는다는 점이다. 이 기준표를 평가 기준표 혹은 영어 그대로 '루브릭(rubric)'이라 부른다. 루브릭에 기반해 학습자의 행동을 측정해 평가하는 방법을 수행 평가(performance evaluation)라 한다. 구성주의 학습 방법론에서는 계속 언급한 대로, 학습자 행동이 논의의 초점에 있다. 동시에 학습자 행동 결과의 정답 여부는 상대적 세계 인식으로, 절대적으로 중요한 사항은 아니고 참조 대상이다. 다지선다형이 절대주의적 학습관에 따라 정답을 아는지

모르는지를 스크리닝하는 방법이라면, 수행 평가 혹은 행동 평가는 답을 유도하기 위한 사고의 틀에 더 관심이 많다. 선택형 평가는 학습자가 반응한 답안조차도 피평가자의 인지 구조에 있는 개념과 일치한다고 볼 수 없다. 수행 평가 혹은 서술형 평가는 자신의 인지 구조에서 자기가 개념어를 구성해 설명을 만들어 내는 조합의 과정이 꼭 필요하므로 이는 피평가자의 정신 모형을 투영할 수밖에 없다. 학습자의 수행이라는 행동을 통해서 정신 세계를 읽어 내는 것이다. 이때 루브릭은 절대적인 정답을 의미하는 것은 아니다. 평가와 사정 · 총평을 위해 필요한 행동 데이터를 클래스(혹은 범주)의 벡터값으로 분류한 것으로서, 절대주의 학습 방법론에서의 정답과는 다르다. 매우 상대적이며 가변적이고 교사의 지도 방침에 따라 달라질 수 있고 그 점수 또한 절대적인 가치를 지니지 못한다. 영어 쓰기에 관한 사례에서 내용이 엉터리인데 문법은 정확한 글쓰기 답안과 내용은 명료한데 문법이 엉망인 글쓰기 중 어느 것이 더 높은 점수인가는 평가자의 영어 글쓰기 학습관에 따라 평가 결과가 달라질 것이다.

그러나 구성주의 학습 방법론에서는 학습자의 구성 능력, 즉 현실적 행동성과 이면에 있는 역량(competency)

을 길러 주고 이를 중요하시므로, 비록 절대적이지 못하고 임시적이고 가변적이며 휘발적이기까지 한 루브릭을 통한 학습자 행동 분석(혹은 수행 평가)이 필수적이다. 수행 성과만 중요시한다면 정답의 개수, 능력 수치의 도달점이라는 단 한순간의 숫자가 중요하다. 그러나 자동차 사고의 '동영상'을 담고 있는 블랙박스에서 사고의 원인 제공을 누가 했는지, 왜 사고가 났는지에 대한 이유를 알 수 있듯이 학습자 행동의 과정이 더 중요하므로 행동에 대한 심리 평가는 구성주의와 떼려야 뗄 수 없는 관계다.

자동 평가 기술과 구성주의 학습 방법론

학습자 행동 평가에는 여러 가지 현실적인 부담이 뒤따른다. 쓰기 평가에 비해 말하기 평가는 휘발하지 않는 기호가 아닌 신호를 처리해야 하므로 많은 어려움이 발생한다. 말하기 수행 평가가 고교에서 실종된 이유로서, 교사들은 첫째, 정교한 루브릭 설계의 어려움, 둘째, 공정성/객관성 확보의 어려움, 셋째, 이에 따른 학생 학부모 민원 제기 부담, 넷째, 말하기 검사/채점에 과한 시간 소요를 들고 있다. 상대적으로 쉬운 쓰기 평가조차 다음 이유로 잘 시행되지 않고 있다. 첫째, 수업에서 별로 중요하게 다루지 않음, 둘째, 수학 능력 시험에 출제되지 않음, 셋째, 교사와 학생, 학부모의 인식 부족, 넷째, 수업과의 괴리 등이 교사들이 이유로 분석한 결과다. 그러나 영어 교육의 내실화를 위해서는 말하기 쓰기를 포함한 의사소통 중심의 영어 교육 및 평가 활성화를 교사들은 제안했다. 구성주의 학습 방법론으로 영어 교육을 끌고 나가려면 학습자의 언어 역량이 자유자재로 표면적인 문장과 발화를 구성할 수 있어야 하고, 수행(행동) 평가를 통해 이런 역량의 발달 상황을 파악해야 하며, 잘못된 행동을 교정할 수 있어야 한다. 즉, 구성주의 학습 방법론의 최대 난제이자 최고로 중요한 학습자 행동과 이를 관리하기 위한 시간 · 비용 · 공간이 수행 평가에서의 문제점이라 하겠다.

자동 평가 기술은 이를 해결하기 위한 가장 적극적인 움직임이다. 학습자의 행동은 매우 다양한 과목에서 다양한 깊이로 측정/평가가 필요하다. 다지선다형 측정/평가에 비해 행동의 측정/평가는 비정형 데이터를 바탕으로 루브릭을 만들고 기계 학습을 위한 학습자 행동 데이터를 수집해, 루브릭에 맞춰 평가값을 태깅(tagging)해서 기계 학습을 통해 기계 학습 모형을 만드는 대규모의 작업이 필요하다. 자동 평가는 교사에 의한 수동 평가에 비해 다음과 같은 이점이 있다.

1. 교사가 학생 개개인의 수행에 대해 빠른, 거의 실시간의 학습 분석(learning analytics) 과업을 수행할 수 있다.
2. 교사의 업무 부담을 극적으로 축소한다.
3. 학습자 스스로 기계의 도움을 받아 행동 오류를 발견, 수정할 수 있다.
4. 평가 회수를 아무리 늘려도 비용은 거의 같으며, 평가 비용도 저렴하다.

자동 평가 기술의 방해 요소: 학습 행동 분석에 투입되는 시간·노력·비용

자동 평가 기술을 절박하게 필요로 하는 구성주의 학습 방법론이 있지만, 비용의 문제로 널리 활용되지 못하고 있다. 학습자 행위를 측정/평가하는 루브릭은 과목에 따라서, 또한 학습자의 나이/국적/문화에 따라 달라질 수 있다. 예컨대 수학의 경우 세계적인 사실상의 표준이 존재한다고 간주할 수 있으나 영어의 경우 EO(English Only: 영어가 모국어인 화자), ESL(English as Second Language: 영어와 모국어를 동시에 구사하는 화자), EFL(English as Foreign Language: 영어를 외국어로 구사하는 화자)에 따라 음절-단어-통사-담화의 각 수준에서 언어 구사 행위가 서로 달라진다. 또한 음소라는 물리적 요소로만 볼 때 한국인의 영어 발음, 중국인의 영어 발음, 일본인의 영어 발음 등이 서로 모두 다르다. 사투리 발음이 지방마다 다른 점과 흡사하다. u-러닝의 사례에서와 마찬가지로, 학습자 행동은 매우 파편화되어서 소프트웨어 품질 유지가 어렵고 개발 비용 회수는 범용 인공지능 상업 솔루션에 비해 수요가 적어 어려운 편이다.

인공지능의 볼륨 마켓(혹은 소프트웨어 솔루션 대규모 양산 시장)은 자동화 시장이다. 인건비를 절감하거나 없애는 기능을 인공지능 기술을 통해 구현해 비용을 절감하려는 기업의 구매 시장이 가장 크다. 소비자 행동의 어떤 측면을 분석해 자동화하려는가는 매우 다양하다. 기계 비전을 활용한 감시, 자율 주행, 불량품 검사, 자동 분류 등이 대형 시장이다. 음성 인식을 통한 소비자 불만 상담 등 콜센터 자동화, 챗봇 등을 통한 마케팅 홍보 채널 효율화, 음성 인터페이스(Speech User Interface, SUI)를 통한 기기 제어가 역시 대형 시장이다. 소프트웨어 개발은 막대한 개발비가 투입되는 반면에, 1카피를 추가 판매할 때의 한계 비용 또한 거의 들지 않기 때문에 양산 시장의 규모가 크면 투입 비용의 제약을 받지 않아도 된다. 자율 주행을 둘러싼 투자 규모와 반도체 양산품의 불량 검사에 들어가는 기술 개발 투자 규모가 천문학적인 이유다.

여기에 어려움을 한층 배가하는 요소가 있으니, 바로 이질적 학문 영역의 융합이다. 영어 말하기 자동 평가를 예로 들자면 다음의 요소가 필요하다.

1. 영어 교육 방법론: 영어 말하기 교육을 어떻게 가르칠까?
2. 실험 디자인: 루브릭 작성을 어떻게 할 것인가?
3. 시험 평가학: 신뢰성(Reliability)과 타당성(Validity)을 어떻게 충족할 것인가? 자동 평가에서 정밀도(precision)를 우선시할 것인가 아니면 재현율(recall)을 우선시할 것인가? 카파(kappa)를 높이는 방법은 무엇인가?
4. 언어 심리학: 말하기의 인지 과정은 어떻게 진행되는가?
5. 조음 음성학: 발음에 관한 모델이나 조음 기관 이상은 어떻게 측정/평가할 것인가?
6. 음성 인식-기계 학습 기술: 평가에 필요한 자동 음성 인식(Automatic Speech Recognition, ASR)을 어떻게 할 것인가?
7. 음성 신호 처리 기술: 음성에서 분절음을 뽑아내는

STT(Speech to text) 이외의 초분절음 및 운율(suprasegmental & prosody)을 어떻게 측정 분석할 것인가?

투입 기술 요소가 많아서 문제가 아니라, 이질적인 요소의 결합이 어려움을 배가하는 것이다. 언어학과 심리언어학은 상당히 다르며, 언어 교육학하고도 다르다. 또한 교육학의 작은 일부분이 시험 평가학이며 시험 평가학과 음성 인식은 또 서로 다른 문제다. 한마디로 언어를 둘러싼 다양한 근원을 가진 여러 계층의 연구가 한꺼번에 필요하다. u-러닝의 비용 문제, 소프트웨어 품질 유지의 문제에 더 얹힌 융합의 문제가 실은 자동 평가를 괴롭히는 주된 요소일 가능성도 있다. 더 나아가서 학습자 능동적 탐구 활동은 학습자의 경험 의도로부터 물리적인 행위가 '수직 체계적'으로 연결된 것이다. 의도와 행위는 창의성의 융합 요소이기도 하다. 이는 또한 뇌의 활동이 많은 에너지를 동원해 정신세계를 물리적 구성 요소로 변환시키는 독특성이기도 하다.

학습자의 의도와 행동을 연결하는 것이 매우 중요하지만, 학습자의 인식 체계 외부에서 개입하는 것이 불가능하므로 시간과 비용의 문제가 발생하며 교육 과정의

성공 여부가 확률적으로 될 수밖에 없는 이유다. 이는 지능에 대한 통일적인 견해가 없다는 가장 큰 어려움에서 기인한다. 지능은 정신세계라 볼 수도, 행위 그 자체라 볼 수도, 아니면 중립적인 측면에서 볼 수도 있다. 정답이 없어서 통일적이고 체계적인 프레임워크를 제시하기 매우 어렵지만, 절실히 필요한 일을 한마디로 압축하자면 '의도와 행동을 연결하기'다. 학습자 행동 자동 평가는 행동이라는 지능의 물리적인 부분을 담당해 지능화하는 역할을 담당하는 것이다.

06
행동 분석 인공지능 기술

한국인을 위한 영어 발음 교정기 '닥터 스피킹'은 정상 및 오류 발음을 모델링해 학습자의 발음 오류를 인식하고 피드백을 제공한다. 정상 및 오류 발음 데이터를 수집, 분석해 음향 모델을 구축했고, 정확한 학습자의 발음 오류 인식 · 교정을 위해 하이브리드 인공지능을 적용했다. 기존 교정기와 달리, 발음 오류 유형을 구체적으로 정의하고 이에 맞춘 피드백을 제공해 효과적인 교정이 가능하다.

한국인을 위한 영어 발음 교정기 개요

언어과학은 '닥터 스피킹(Dr.Speaking)' 연구 개발 프로젝트를 통해 정상인과 장애인의 음향 모델 각각을 수집하고 언어 모델과 합쳐 장애 발음 인식기를 만든 방법론을 영어 발음에 적용했다. 원어민 영어 발음과 한국인의 영어 발음 음향 모델을 역시 각각 수집해 한국인을 위한 영어 교정 엔진 연구 개발을 진행했다. 음소별 오류 유형을 학습자에게 피드백하고 지도하는 사용자 인터페이스를 새롭게 연구 개발해 적용했다. 핵심적 연구 개발 대상이었던 한국인 영어 발음 모델링, 루브릭 작성, 발음 DB 수집이 2년간 진행되었다. 대규모 상업적 제품 출시가 목표였으므로, 오류 교정 음성 인식과 데이터 수집, 모델링 등의 핵심 기술 이외에도 소프트웨어 사용자 인터페이스 설계 및 적용, 품질 보증, 안전성 확보, 업데이트 및 유지 보수와 같은 방대한 소프트웨어 개발 및 품질 보증에 관한 기술이 투입되었다. 개발과 동시에 시장 요구 파악과 소구점 찾기를 위한 시장 조사도 시작되었으며 알파(alpha) 버전 런칭 이후 소비자 반응 조사, 언론 홍보, 시제품을 통한 연구 클래스 진행 등의 마케팅 과업들도 역시 전개되었다.

특허 출원 36개월 만에 본 연구의 핵심인 정상-오류

병렬 모델링 혹은 오류 모델링을 권리 항으로 해서 대한민국 특허를 취득했다. 언어과학은 소프트웨어 패키지 업계로는 거의 유일무이하게 긴 기간 동안 제품 판매를 이어 나갔다. 상업적 성공과 긴 제품 수명 주기는 강건한 기능성에 기반한 상업적 시장 강건성이라고 간주할 수 있다.

연구 목표 및 방법론의 특징: 정상 발음과 오류 발음 하이브리드 인공지능

무엇보다도 연구 개발 착수 당시 존재하던 영어 발음 교정기에는 두 가지의 근본적 문제점이 있었다. 하나는 기존의 통상적 영어 교육 시스템에 탑재된 영어 발음 교정기에는 원어민의 표준 발화만 음향 모델에 모델링이 되어 있다는 점이다. 모국어 화자의 렘마(lemma)에 저장된 단어의 형태 · 음운은 오랜 시간 동안의 수없는 반복 연습을 통해 화자에게 매우 익숙하다. 이는 모국어에 최적화된 음소 발화 책략을 바탕으로 영어 음소를 '비슷하게' 발화하는 문제를 일으킨다.

한국인 외국어 화자(한국어가 모국어, 영어가 외국어인 화자)에 의한 비슷한 발화는 원어민 표준 영어 음소 발음에 비해 정확도가 떨어진다. 정확하지 않고 '비슷하기' 때문이다. 기존의 상용 영어 음성 인식기 기반 발음 교정기는 HMM(Hidden Markov Model: 은닉 마르코프 모델)의 추정 확률(정답 발음이 /ae/일 때, 현재 입력된 발음이 /a/에 가까울 확률 0.3, /ae/에 가까울 확률 0.6, /e/에 가까울 확률 0.1) 중 가장 확률이 높은 /ae/를 골라내어 100을 곱해 60점으로 평가한다. 정확도에 따른 점수 평가는 매우 정상적이다. 그러나 99%의 한국어 화자가 영어 /ae/ 발음을 입을 작게 벌리고 발음해 /e/로 발화한다(e.g. '애플'을 /aepl/이 아닌 /epl/로 발음). 기존 영어 음성 인식기를 통한 발음 평가는 /ae/ 발음을 '조금' 비슷한 /e/로 발음한 행동에 낮은 점수를 준다. 영어 발음을 누가 원어민처럼 잘하느냐는 시험이 있다면, 이런 평가는 타당성(validity)이 있다. 타당성은 평가의 결과가 평가의 목적에 부합하는가의 문제다. 발음 경진 대회의 입상자를 고르는 평가라면 타당한 것이다. 그러나 발음 오류를 찾아내서 교정하는 일이 평가의 목적이라면, 상용 영어 음성 인식기를 통한 발음 평가는 타당하지 않게 된다.

두 번째 문제점은 피드백이다. 발음이 이상하다는 사실을 밝히는 것은 측정(measurement)이다. /ae/ 발화가 붙은 애플(apple, /aepl/)이 아니라 /epl/로 발화했음을 측정한다. 이 측정값을 바탕으로 왜 /e/로 발음했는가에 대한 한국인의 외국어로서의 영어 발음 관련 지식을 전달하는 일이 바로 피드백이다. 오류라는 이상 행동에 대해서는 교정 지침(correction instruction)이 발음 교정에서의 피드백이라 하겠다. 상용 영어 음성 인식기는 최우선 목표가 분절음 인식이다. 즉, 발화를 글자로 바꾸는 STT(Speech-to-Text)가 주 기능이다. 이 주 기능을 이용해 파생적인 기능을 수행하는 것이 위에서 살펴본 점수 매김이다. 발음 훈련자가 반복적으로 자신의 발음 행동 오류를 교정하기 위해서는 발화자가 '/ae/로 발화하는 발음은 실제로는 /e/라는 음소의 대치가 문제이며, 이를 해결하기 위해서는 입을 아주 크게 벌리도록 할 것'이라는 교정 지침을 줘야 한다. 이 경우, 입을 크게 벌릴수록 /ae/ 발음에 가까워지는 선형 구조로 되어 있다. 외국인 화자에 의한 변이 발음을 정도의 문제로 측정해 그 정도(혹은 parameter)에 맞춰 교정 지침과 모사 발음 피드백을 GAN(Generated Adversarial Network)으로 생성해 제공하는 최신 연구도 있다. 입을 벌리는 정도로 말하자면, '입을 표준의 30%만큼 벌렸으니 세 배쯤 더 크게 벌리도록 노력할 것'이다. 또한 기계가 측정한 수치에 맞춰 비슷한 발음을 생성해 들려주는 것이다.

연구 개발 과제의 차별성을 정리하자면, 정상 · 오류 발음 지식 그래프를 정리해 발음 오류의 유형을 지식적으로 사전 정의하고 이를 기반으로 기계 학습을 혼합했다는 점이다. 이를 통해 발음 오류 인식의 강건성을 획득하고 정확한 피드백을 제시하는 시스템의 기능성을 갖춰 학습자의 그라운딩을 유도하는 것이라 정리할 수 있다.

연구 상세: 발음 교정기 과업 분석

한국인의 영어 발음 오류 교정기를 연구 · 개발하기 위한 세부 과업은 다음과 같다. 첫째, 지능형 튜터링 시스템 애플리케이션 연구 개발, 둘째, 한국인 영어 오류 발음 DB 수집, 음소 선정, 루브릭 연구 개발, 셋째, 영어 및 혼동 가능 한국어 음소 기반 음향 모델링 기법 연구를 통한 발음 오류 교정 음성 인식 엔진 연구 개발이다. 발음 오류 음성 인식 엔진은 본 연구가 설정한 오류 유형인 음소 대체 · 삽입 · 삭제 · 이중 모음 분리 · 강세 오류를 찾아내어 교정 지침을 제공하는 것을 목표로 했다. 이 목표를 달성하기 위해 하이브리드 인공지능을 사용했다. 정상 발음 · 오류 발음의 양상을 지식 그래프로 정의했고, 각각의 발화를 녹음해 분류했다. 이를 바탕으로 정상 음향 모형 · 정상 언어 모형, 오류 음향 모형 · 오류 언어 모형을 기계 학습으로 학습시켜 얻었고 이를 오류 발음 인식기로 사용했으며, 미리 지식적으로 정의한 오류 판별 유형에 따라 피드백을 학습자에게 제공했다.

영어 발음 교정 시스템에 적용된 음성 인식의 범위는 유사 음소 단위(PLU, Phoneme Like Unit) 수준의 고립어 인식이었다. 적용 기술의 한계로 연속 음성 인식의 구현이 어렵지만, 억양구의 구사 양상이 한국인의 경우와 원어민의 경우가 매우 달라 오류율이 높기 때문이기도 했다.

발음 교정기의 개발에 필요한 발음 사전은 두 종류였다. 첫째, 영어 철자 기반 영어 음운 규칙을 적용한, 표준 영어 발음 사전, 둘째, 표준 영어 발음에 한국어 음운 목록과 음절 구조의 영향에 의한 변이를 포함한 한국인 영어 발음 사전이다. 두 개의 발음 사전을 만들려면 표준 영어 음소 셋과 한국인 영어 발음 음소 셋이 필요하다. 발음 사전은 경험적으로 구축했다. 표준 영어 음성 DB와 한국인 영어 발음 음성 DB를 구축하고 분석해 도출해 낸 여러 가지 변이음들을 반영해 최종 음소 셋을 구성했다. 음성 DB 구축 → 변이음 포함 음소 셋 선정 → 음성 DB 확충이라는 주기로 진행이 이루어졌다. 기계 학습을 위한 데이터 수집 → 지식 그래프 정의→데이터 추가 수집 → 정의된 지식 그래프 변형의 자기 재귀 작업이 중요한 데이터 중심적 작업에서 진행되었다.

이러한 파생적 지식, 혹은 이차적 지식, 또는 고차적 지식의 변용이 이 책에서 주장하는 생태론(ecology)과 주지주의(intellectualism)의 양립을 가능하게 하는 것이다. 이러한 병용을 위해서, 지식만을 정의하고 정리-구조화하거나, 교사의 경험을 통해 축적된 학생-교사 상호 작용의 숨겨진 경험 양쪽을 데이터와 지식을 서로 엮어 구조화하는 어려운 작업이 필요했다. 양립적 작업에 대한 선행 연구가 없으니, 당연히 이 작업의 난이도와 특수성에 대한 지적 역시 선행 연구가 존재하지 않았다.

오류 음소 유형, 유형별 특징과 피드백 전략

정상 발화 지식 그래프와 오류 발화 지식 그래프를 각각 마련해 두고 그 기반의 데이터 수집 및 태깅을 시행한 것이 지금까지의 과정이었다. 음소별 발음 오류를 정의하면 대략 네 가지의 오류 양상을 정의할 수 있었다. 첫째, 음소 대치 및 모음 강세 오류, 둘째, 음소 삽입 오류, 셋째, 음소 삭제 오류, 넷째, 이중 모음 분리 오류다. 정상 지식 그래프만 가지고 있는 STT와 달리, 학습자의 행위 관찰에서 출발한 데이터 기반 오류 지식 그래프가 존재하므로 유형별 특징을 정확하게 집어내서 핀 포인팅 피드백할 수 있었다는 점이 본 연구의 가장 큰 특징이다.

학습자의 발음을 평가하는 부분은 학습에서 매우 중요하다. 원어민 화자의 발음과 학습자의 발음을 다량 수집해 조음 및 음향적인 분석을 통해 비교했다. 그리고 이러한 분석 결과를 토대로 한국인의 영어 발음 모델과 영어 원어민 화자의 발음 모델을 생성해 오류 검출을 자동화했다. 본 연구의 핵심이다.

검출 대상이 되는 오류는 대치(GUI에서는 오류, 즉 음소의 대치를 표현), 강세, 삭제, 분리, 강세의 음성 인식 엔진이 판별하는 다섯 가지 유형의 오류와, 신호 처리를 통해 추가로 판별하는 장단(/iː, uː/를 각각 /i/와 /u/로 발음하는 것 또는 그 반대)의 총 여섯 종류다.

한국어와 영어의 음운 체계 차이로 인해 생겨나는 영어 발음의 오류에 대해 교정 지침을 제공했다. 하이브리드 인공지능을 통해, 오류 교정 모형 분류 및 그에 맞는 교정 지침을 정교한 GUI를 통해 학습자에게 제공했다. 특히 모국어 한국어와 외국어인 영어의 차이를 학습자가 이해하고 영어 발음을 학습하게 함으로써 말소리 전반에 관한 이해를 증진할 수 있도록 했다.

07
행동 교정과 인지 능력 발전

유혜배와 송은미(2005)의 연구는 소래고 1학년 학생들을 대상으로 '닥터 스피킹'을 활용한 영어 발음 교정과 듣기 능력 향상을 실험했다. 이 연구는 공교육 현장에서 하이브리드 인공지능을 이용해 발음 교정의 효과를 실증적으로 입증했다. 10주 동안 발음 교정 프로그램을 진행한 결과, 발음 교정이 듣기 능력 향상에 기여함을 확인했다. 발음 인식 및 식별 능력도 향상했으며, 학습자 행동과 인지 능력의 발전을 확인할 수 있었다.

닥터 스피킹을 활용한 영어 발음 교정 및 듣기 능력 향상 연구

본 장에서는, 유혜배 · 송은미(2005)에서 발표한 소래고등학교 1학년 학생을 대상으로 한 '닥터 스피킹' 활용 영어 발음 교정 결과 및 이에 수반된 듣기 능력 향상의 결과치를 조사 · 인용 · 분석했다. 이 연구는 인공지능 · 소프트웨어 연구 개발 업체가 직접 수행하기 어려운 실험 설계, 실험 진행, 결과 도출, 논의를 공교육 현장에서 실증적으로 진행해 발음 교정기의 의미를 실험적으로 입증했다는 점에서 매우 가치 있는 연구였다. 하이브리드 인공지능의 성능과 관련한 강건성 성능 평가로 검증할 수 있었다. 더 나아가서, 조음의 근본적 발음 지식이 발음 교정에 의해서 그라운딩된다면, 정확하게 뿌리내린 조음 능력에 기인한 다른 음성 관련 행동의 변화를 초래할 것을 기대할 수 있다. 구성주의 교육 철학을 매우 구체적으로 확인할 수 있게 된다.

실증 실험 결과, '닥터 스피킹'은 매우 유의미한 발음 교정을 달성했음을 확인했다. 동시에 자기 재귀적 지식의 수정에 해당하는, 발음 교정을 통한 그라운딩이 듣기 능력 향상을 가져왔음을 확인했다. 비판적 실재론의 실재와 경험 양쪽을 묶어 하이브리드 인공지능을 통해 학습자 행동-지각-인지라는 능동적인 피드백 사이클을 형성했음을 확인할 수 있었다.

실험 대상은 소래고등학교 1학년 여학생 70명이 모집단이었다. 듣기 평가를 통해 성적이 중수준(정답률 71~76%)인 학생 20명을 실험군 10명과 비교군 10명으로 구분했다. 하수준(정답률 47~53%) 20명을 10명씩 구분했다. 상수준은 이미 일정 수준 이상의 발음 능력을 보유했으므로, 실험 대상에서는 제외되었다.

학생들을 상대로 10주 동안 10차시에 해당하는 학습을 진행했다. 총 10시간의 발음 교정 학습 프로그램 운영으로 진행되었다. 닥터 스피킹의 조음 기관 애니메이션 및 입 모양 애니메이션을 이용해 전체적인 조음 연습을 시행했다. 교사는 간접적인 진행을 담당해 프로그램의 사용 방법과 유의 사항을 알려 주었다. 학습자 주도로 대부분 소프트웨어를 통해 스스로 연습하도록 했다.

발음 교정 10주간 학습 프로그램 종료 일주일 뒤의 평가 결과와 실험 전 테스트 결과를 비교해 결과를 분석했다(같은 문항). 듣기 평가는 수능 모의고사 17문항이었다. 자음과 모음 발음 인식 및 식별 능력 평가는 단어에 포함된 음소 문항 41개(자음 35문항, 모음 6문항)였다. 대화체 문장 속에서 모음의 발음 인식 및 식별 능력 평가 문항은 22개였다.

듣기 평가의 결과를 분석한 결과를 살펴보자. 발음 교정이 듣기 능력을 직접적으로 향상하는 이유는 바로 그라운딩에 기인한다. 조음 지식과 조음 행동이 따로 노는 것이 외국어와 관련한 문제인데, 이를 자동 평가를 통해 교정하면 조음 지식을 단지 말하기에만 사용하는 것이 아니라, 듣기에도 자동으로 투영하기에 듣기 능력이 향상하는 것이다.

듣기 평가 문제는 실험 전후가 같았다. 훈련 기간 10주는 상대적으로 짧은 기간이다. 실험 설계상 타 변수가 작용해 결과가 흐트러질 가능성이 작다. 그러므로 실험반의 듣기 성적이 크게 향상한 이유가 발음 교정이 이뤄졌기 때문이라고 추정하는 데 무리가 없다.

실험 전후의 듣기 평가 결과를 살펴보면, 중수준 · 하수준 실험군(85%, 60%)이 하수준 비교군(57%)에 비해 듣기 정답률이 더 많이 향상했음을 알 수 있다. 발음 지도가 듣기 능력 향상에 이바지한 것으로 볼 수 있다. 학습자 조음 모형의 그라운딩을 통해 듣기에 작용하는 조음 모형의 성능 향상이 이뤄진 것이다. 즉, 발음 교정이라는 행동과 그 피드백을 통해 학습자가 자기 스스로 피드백 반영을 시행했음을 확인할 수 있다. 자음의 발음 인식 및 식별 능력 평가에서는 실험군이 98%, 85%, 하수준 비교군이 75%였다. 모음의 발음 인식 및 식별 능력 평가는 실험군이 93%, 72%, 하수준이 비교군 75%였다. 듣고 받아쓰기 평가는 중수준 실험 반이 38%에서 59%로, 하수준 실험 반이 24%에서 42%로 비교군에 비해서 훨씬 많이 향상했다. 발음 능력은 중수준 실험군은 92.7%로 향상, 하수준은 76.4%로 신장했다.

행동 교정을 통한 인지 능력 발전

본 연구 결과는 발음 학습의 기회가 적은 고등학생에게 체계적인 발음 학습을 할 수 있도록 지도한다면 듣기, 발음 인식, 발음 식별, 발음 능력이 크게 향상할 수 있음을 보여 준다. 학교 현장에서 학생의 경험과 교과 지식을 학습자 행동을 통해 그라운딩하기 위한 비용과 시간의 문제를 하이브리드 인공지능을 통해 해결하는 한 케이스라 할 수 있다. 영어 발음에 대한 이해가 부족하거나, 정확히 발음하는 데 어려움을 갖고 있는 학생들에게 발음 학습 지도를 통해 듣기, 말하기 영역의 많은 향상을 도모할 수 있다. 닥터 스피킹을 이용한 결과는 좋은 평가를 얻었다. 학교 현장에서 이를 이용한 발음 학습 지도는 매우 유용하다고 본다.

발음 교정에 관한 인공지능의 성능은 당시의 보편적 음성 인식에 비해 매우 강건한 성능을 발휘했다. 학습자 그라운딩은 학습자 자기 재귀적 지식의 수정, 즉 조음 모형의 정교화를 가져와서 듣기 정확성 향상을 이루었다. 이를 통해 그라운딩이 행동 → 피드백적 지각 → 지식의 수정이 이뤄지는 피드백 사이클을 진행하게 함을 알 수 있다. 개별 행동 교정이라는 작은 틀을 넘어서서, 하이브리드 인공지능에 구현된 지식 그래프 기반 기계 학습과 흡사하게, 학습자가 행동 학습을 통해 더 심층적인 학습자 보유 지식을 명확하게 하고 더 심화할 수 있음을 알 수 있었다.

시사점은 교육 과정과 교육 내용으로 지식과 학습자 행동이 따로 동떨어져 있는 깊은 골이라는 문제를 해결해 학습자 그라운딩이 가능해졌다는 점이다. 조음 행위의 교정이 청취 행위에 긍정적인 영향을 미친다는 사실을 확대하면, 행동의 생성이라는 행위(action) 능력 향상이 분석(analytic) 혹은 지각(perception)의 능력 향상을 가져올 수 있고, 궁극적으로 학습자의 인지(cognition) 능력 향상으로 이어진다고 추론할 수 있다. 교육 과정이 지식 전달이라는 교과 지식과 학습자 그라운딩을 위한 실습 행동이라는 이분법적 존재로 나뉘어 있던 것을 '살아 있는 지능'인 하이브리드 인공지능에 의해 하나로 통합했다. 지식적 체계와 학습자 행위의 분포라는 이질적 요소를 표준 발음 행동과 오류 발음 행동이라는 학습자 행위의 정의 · 분석 · 데이터 수집 · 데이터 정제 · 데이터 태깅의 광범위한 행동 데이터 처리를 통한 기계 학습, 지식 그래프의 상호 결합을 통한 통합이라는 데에 큰 의의가 있다. 즉 종래의 교육 과정들과는 차별적이다. 전달 위주 교육 과정이 (교사의) 지식 전달 → (학습자의) 반복적 숙지 → (학습자의) 체험 · 실습 행동이거나, 구성주의적 교육 과정이 (학습자의) 반복 행위를 통한 발견 → (학습자의) 스스로 지식 발견이라 할 때, 지식을 일방적 · 주입적으로 제공하지 않으면서도 가이던스가 최소화되어 학습자가 지식을 발견하지 못하거나 잘못된 방향으로 고정될 가능성을 없앨 수 있다.

다만 지식은 지식대로 정의하고 다루어야 한다는 기존 관점 때문에, 기계 학습에 필요한 학습자 행위의 정의 · 분석 · 데이터 수집 · 데이터 정제 · 데이터 태깅이 지식 체계와 결합해야 한다는 점은 교육 과정에서 시도된 바가 거의 없다. 교사에 의한 체험 · 실습 행동 지도가 시간상, 비용상의 큰 문제에 봉착해 있다면, 지식 그래프와 학습자 행동 데이터를 사전에 결합하는 일도 마찬가지로 교육 과정 편찬이라는 차원에서 시간상, 비용상의 큰 문제에 봉착해 있다 할 수 있다. 인공지능이 오랜 교육 시행을 통해 쌓인 암묵지를 디지털화하고, 지식 그래프를 통해 다양한 분석이 녹아들어 간 데이터 간의 관계를 밝혀 연결되도록 해야 한다는 코로나19 비대면 시대의 교육 개혁 관련 지적도 있다.

발음 교정기 사례는 표준 발음에 대해서 변이 발음 양상을 정의하고 지식적으로 분류한 후, 실제 발화 데이터를 그 지식 체계에 맞춰 태깅하는 고된 작업이 과제의 성패를 쥐고 있는 열쇠였다. 사실 이는 절대주의든 구성주의든 반복에 의한 실습 체화를 학습자가 수행할 때, 지도를 맡은 교사가 수행하는 작업이다. 이 연구의 성취는 개별 교사에 의해 이루어지던 지식 그래프 기반 피드백을 하이브리드 인공지능이 수행하는 데에 있다. 즉, 교사에 의한 발음 청취, 분석, 분류, 평가, 피드백을 대량 표준화해 지식 그래프와 기계 학습을 혼합해 자동으로 처리하게 한 것이다.

발음 산출에 해당하는 발음 교정이 학습자의 조음 지식을 그라운딩된 조음 모형으로 전이해 듣기 지각의 능력 향상을 가져옴을 관찰할 수 있었다. 이는 리버먼과 매팅리(Liberman & Mattingly, 1985)가 주장한 조음을 할 수 있는 분절음이 청취 지각 가능하다는 가설을 뒷받침하는 결과다. 이들의 가설은 학습자가 운동을 통해 경험과 지식을 그라운딩 시키며, 이때 외부로부터 주어진 지식을 자기 재귀적(self-recursive)으로 내재화 혹은 적응시킴을 알 수 있다. 발음과 청취 지각이 서로 연결되어 있다는 점 하나만으로도, 어떠한 형태로든 분절음에 관한 지식이 학습자에게 존재하며, 발음 교정을 통해 이 지식체계가 학습자에 의해 수정되는 자기 재귀적 피드백을 발견할 수 있기 때문이다.

참고문헌

유혜배 · 송은미(2005). 발음교정 소프트웨어를 이용한 영어 발음 습득 연구. 인문학연구, 8, 37-64쪽.

Liberman, A. M. & Mattingly, I. G.(1985). The motor theory of speech perception revised. *Cognition*, 21(1), pp.1-36.

08
시모어 패퍼트의 '마인드 스톰즈'

시모어 패퍼트는 로고 프로그래밍 언어를 개발해 구성주의 학습 방법론을 구현하려고 했다. 그의 책 '마인드 스톰즈'에서는 아이들이 교육의 개입 없이 자유롭게 실습하고 발견하기를 원했다. 하지만 순수한 발견 학습은 학생들이 프로그래밍 개념을 이해하는 데 큰 도움이 되지 않았다. 대신 가이드가 주어진 발견 학습은 더 나은 결과를 보여 줬다. 이는 순수 구성주의 학습만으로는 학생들이 스스로 강건한 지식을 쌓기 어렵다는 것을 나타낸다.

시모어 패퍼트(Seymour Papert)가 창안한 로고 프로그래밍 언어는 컴퓨터를 본격적으로 활용한 구성주의 학습 방법론의 시작이다. 패퍼트는 그의 저서『마인드스톰즈(Mindstorms)』(1980)에서 아동들이 교육 개입이나 교과 과정의 목적 없이 자유롭게 로고(LOGO) 환경 내에서 실습 발견에 참여할 수 있어야 한다고 주장했다. 열린 학습 체제가 바로 로고이며, 가르침 없이 배울 수 있다는 학습=교육인 구성주의 학습 방법론이다. 컴퓨터로 열린 교육에 접근하기에, 구성주의 학습 방법론의 성과를 양적으로 측정해서 분석하는 데 도움을 주었다.

컬랜드와 피(Kurland & Pea, 1985)는 지도 없이 이뤄지는 순수한 발견 학습에서 50시간 이상 로고 프로그래밍을 진행한 11~12세 학습자 그룹을 테스트했다. 학생들은 짧고 간단한 프로그램을 작성하고 해석할 수 있었지만, 기본적인 프로그래밍 개념을 포함하는 프로그램에는 많은 어려움을 겪었다. 다른 실험에서 피와 컬랜드(1984)는 통제 조건을 통한 비교 실험을 진행했는데, 광범위한 비지도 학습으로 경험을 쌓은 학생들이 프로그래밍 경험이 없는 학생들보다 계획(planning) 시험에서 더 나을 수 없다는 점을 발견했다.

순수 발견 학습이 학생들의 프로그래밍 개념 학습에

도움이 되지 않는다면, 가이드 발견 학습이 더 나은지 여부는 어떠할까? 페이와 마이어(Fay & Mayer, 1994)는 순수 발견 학습 혹은 가이드 발견 학습 방식을 사용해 로고 프로그래밍을 가르쳤다. 순수 발견 학습에서 학생들은 로고 매뉴얼을 받은 다음 네 개의 한 시간 세션에 걸쳐 여러 로고 프로젝트를 만드는 데 참여했다. 가이드 발견 학습에서 학생들은 프로그램의 모듈화, 힌트 및 프로그램이 디자인 원칙과 어떻게 관련되는지에 대한 피드백과 같은 디자인 개념의 명시적 모델링과 함께 같은 프로젝트를 받았다. 후속 테스트에서 가이드 발견 학습 그룹은 더 우아한 프로그램을 작성하고 좋은 디자인 원칙을 더 잘 사용하며 순수 발견 학습 그룹보다 계획 작업을 더 잘 해결했다. 요컨대 구성주의 학습 방법론의 지향점인 열린 교육 체제를 가이드 없이 컴퓨터를 통해 저비용으로 거의 무한대 시행 – 능동적 발견 혹은 탐구 – 하고자 했던 시도는 가이드가 주어진 발견에 비해 학습 효과, 즉 암기하거나 회상이 가능한 닫힌 교육 체제의 평가 기준이 아니라 규칙을 스스로 알아내서 다른 데 응용할 수 있도록 전개하는 구성주의 학습의 목표에서조차 큰 기능을 하지 못함을 알 수 있다. '가이드'가 없어야 제대로 된 구성적 학습이라는 주장에 큰 문제가 있음도 역시 알 수 있다.

구성주의 학습 방법론이 변화하는 세계에서 학습자의 주체적 인식을 바탕으로 결국 세상에 대한 강건성을 학습자가 획득하게 하는 것이 궁극적인 목표인데, 순수 구성주의로는 도달이 어렵다는 역설이다.

컴퓨터를 매개로 해서 닫힌 교육으로부터 탈피해 열린 교육 체계로 이행하고자 했던 구성주의 교육 이론은 '경험'이면 간주관성과 도구주의에 의해 서로 소통할 수 있는 최소한의 담보, 즉 객관성을 지닐 수 있으므로 개인이 맞는다고 생각하면 모두 참이라는 구성주의 철학을 기반으로 한다. 교육 방법론에서 구성주의는 하나의 종교적 신념과도 마찬가지로, 열린 교육 체계 추구를 대표하는 학습 방법론이다. 교육은 닫히든 열리든 '지식'을 다루는 분야이므로 지식을 어떤 철학적 인식론으로 바라보는가에 따라 교육의 방향성부터 매우 구체적인 지식 전달, 경험, 습득, 강화와 같은 솜씨가 달라진다. '지식'의 인식론이 중요하니 철학인데 동시에 전달, 학습이라는 관점에서는 과학이다. 어떻게 더 짧은 시간에, 더 효율적으로, 더 길게, 더 많이, 더 창의적으로 학습을 이뤄 낼 것인가는 전형적인 인지 과학의 영역이기 때문이다. 지식에 대한 입장은 철학과 과학 양쪽에 모두 걸쳐져 있기도 하고, 그 양쪽에서 모두 타당성이 있고 오류가 없어야 한다. 과학의 영역에 해당하므로 과학의 정의상 '객관성'을 확보해야만 한다. 철학이 어떤 과학의 전제에 대한 논의, 즉 과학 철학으로서 자리매김하고 그 정당성에 대해 논의하는 바를 구성주의 교육 이론까지 끌고 오는 이유는 '지식'이 가지는 양면성과 모호성, 학제적 성격 때문이다. 지식은 타당하고 옳게 여겨지는 믿음이기도 하면서, 개인마다 개별적인 정의 역시 가능하다. 지식은 물건이 아니므로, 관찰자에 의한 상대적 세계 인식론이 포함될 수밖에 없기 때문이다.

과학으로서의 교육은 그 객관성이 담보되어야 하는데, 구성주의 교육 이론이 열린 교육 체계를 집중적으로 강조하다 보니 객관성을 확보하지 못하고 상대주의에 함몰되어 벗어나지 못하고 있다. 개인이 갖는 의미가 모두 참인 지식이라면 지식 전승의 역할을 담당하는 '교육' 자체가 의미가 없을 수도 있다. 구성주의 교육 이론은 구성주의 발달 심리학에서 많은 근거를 가져온다. 그런데 중요한 점은 구성주의 발달 심리학은 교육 방법론을 염두에 두고 만들어지고 발전한 심리학 분파가 아니라는 사실이다. 인간의 지능이 어떤 계기로 어떻게 발달하는지를 설명하는 점은 학습 방법론의 기초 이론이 될 수는 있어도, 그런 발달 이론이 전체 교육의 체계를 다 정의할 수는 없다.

구성주의 발달 심리학 - 구성주의 학습 방법론의 일부분만 해당

구성주의 발달 심리학에서, 피아제는 "아동이 새로운 경험을 기존의 이해(스키마, schema)에 따라 해석"하는 동화(assimilation)의 과정과 "특정한 경험에 맞도록 스키마를 조절(accommodation)"하는 과정을 통해 끊임없이 이해(스키마)를 사용하고 조정함으로써 지적 발달을 해 나간다고 주장했다.

피아제의 조절(accommodation)을 바스카의 비판적 실재론으로 설명하자면, 실재하는 어떤 속성이 사건으로 현실이라는 장에 출현하게 되었을 때가 바로 어린아이가 경험 세계에서 어떤 상황을 인식하게 되는 사건이 발생하는 때다. 그러나 실재로부터 출발하는 사건이라는 전제가 없이, 오로지 관찰 경험의 귀납적 축적으로 굳어진 지식이라는 점은 객관화의 인식론적 오류를 발생시킨다는 점은 앞서 살펴보았다. 분류기 기반의 인공지능 역시 상관 관계 이상의 추론적 관계성 발견이 불가능하다는 점도 살펴보았다. 실재로부터 출발하지 않는다면, 귀납적 경험 축적에 개인마다 차이점이 있다는 점을 따져 볼 때 개개인의 경험이 차이가 있을 수밖에 없기에 잘못된 믿음이 생길 때에도 거짓을 잡아낼 수가 없다. 지식은 교육에서 참이라는 담보가 있어야 하는데, 피아제의 발달 이론을 교육에 직접적으로 갖다 붙이는 것은 문제가 있다. 인간지능의 발달이 교육의 목표 중 가장 큰 것이지만, 참이 담보되지 않는 지식의 탐구나 전달은 교육에서 꼭 피해야 하는 것이기도 하다. 피아제의 발달 이론 그 자체는 피아제의 비판적 실재론을 통과시켜도 여전히 성립한다. 지식이 실재에 기준한 객관적 기준이라고는 하나, 준거를 둔다 해도 조절은 여전히 작동하기 때문이다. 문제가 되는 것은 발달 이론을 학습 방법론에 그대로 갖다 붙여서 논리적으로 비약하는 데에 있다.

구성주의와 구성주의 학습 방법론의 관계 – 지식의 관점에서

구성주의 학습 방법론은 지식이 개인의 경험으로 구성되며, 이것이 서로 통용된다면 교육에서 사용될 수 있는, 참인 지식을 학습하게 된다는 방법론이다. 상대주의적인 인식론이며 학습자가 위치한 맥락에서 능동적인 탐색을 통해 각자의 맥락에 적합한 의미를 구성하며 나아가서 실재도 구성한다. 그 결과는 열린 교육 체제가 지향하는 세상의 창의적인 변화로, 세상의 변화가 불규칙하고 예측하기 어려워도 이는 개개인이 처한 맥락의 변화이므로 대응할 수 있게 된다. 학습은 능동적인 구성의 과정이다. 학습자 개인의 능동적인 탐색이 열린 교육 체제를 완성하는 가장 중요한 요소라고 구성주의 학습 방법론은 상정한다. 이는 변화가 가속되는 세계의 흐름에 매우 적절한 방향성으로 교육학자들이 지목해 왔다. 암기를 기반으로 한 단순 반복적 행위는 컴퓨터에 물려주고, 창의적이고 적응적인 학습으로 이행해야 한다는 주장의 근거다.

지식의 능동적 탐색은 구성주의 이론이 가진 가장 큰 장점이지만, "교육을 통해 학습자의 지식 구성 능력을 길러 주는 것이 가능"한 것과 "교육은 학습자의 지식 구성 능력을 길러 주는 일이다"라는 것은 서로 같지 않다. 이는 열린 학습 체제, 열린 교육만을 지향하는 것이 전체 교육이 되지 않는다는 것과 같다. 바스카의 비판적 실재론이 3영역에서의 상호 작용을 주장했고 그것이 갖는 함의는 닫힌 교육 체제와 열린 교육 체제가 서로 현실 – 사건에 기반한 – 에서 우연히 만나야 교육이 완성된다는 점이다. 이는 하이브리드 인공지능이 교육에 해당하는 미리 잘 정의된 외부의 지식 그래프와 기계 학습을 통해 지식 그래프의 각 노드에 해당하는 데이터의 구체적 양상 모델링에 결부되는 것과 같다. 또는 제약이 거의 없는 인공지능을 통해 인간 지능의 발전 탐구를 한 것과 같다. 만일 딥러닝-표상 학습이 지식 그래프를 완전히 대체해 기계 스스로 알아내는 표상만으로 인공지능이 완성될 것이라 한다면, 상관관계로 인간 지식의 모든 관계성을 정의할 수 있다는 주장과 같아진다. 과학적 추론과 같은 심층적인 관계성 정의-전달-발견이 없는 지능은 자동판매기의 지능에 불과하다.

간단히 말해서 학습은 이해의 정도가 중요하고, 지식 생산은 산출물의 완성도와 품질이 중요하다. 구성주의 학습법, 학습 방법론의 주체적 능동적인 관점에서는 서로 공유되는 부분이 분명히 있지만 서로 똑같지는 않다.

인터넷이든, 실세계든, 혼합 공간이든 '온 세상'이 교실이고 내가 발견하는 지식은 어떠한 것이든 '교과서'라는 구성주의 학습법은 환경, 그리고 환경과의 상호 작용을 중요시한다. 환경 우선주의의 입장에는 문제점이 있다. 환경을 통해 지식이 어떻게 학습 활동으로 전개되는지에 대해 연관성이 매우 모호하며 논리적인 비약마저도 내포하고 있다. 구성주의 학습 방법론이 주입식에 대항하는 학습자 중심 교육, 자기 주도 학습의 이론적인 근거를 제공하긴 했지만, 학습자 중심이나 자기 주도 학습이 꼭 구성주의 학습 방법론을 전제해야만 가능한 것도 아니다. 실재를 기초로 한 사건의 참과 거짓을 안내하는 데 도움을 주면서 개인이 능동적으로 탐구하는 주체적 발견을 함께 제공하는 것도 학습자 중심 교육이다. 능동적이라 해서, 온 산을 지도 없이 알아서 찾아가야 하는 것만이 능동적 탐색은 아니기 때문이다. 이 역시 '교육은 지식을 구성하는 것이다'라는 지나친 일반화가 가져온 문제다.

구성주의 학습 방법론에서의 컴퓨터 활용 방안은 열린 교육 체제를 가상 혹은 혼합 경험 공간에서 제공하는 것이다. 이러면 모든 것이 가능해진다는 주장에 맞선 새로운 대안이 필요하다. 인공지능이 교육과 같이 강건성이 아주 중요한 서비스 영역에서 성능을 발휘하기 위해 하이브리드 인공지능 적용이 대안이라는 점을 살펴봤다. 인공지능에서만큼은 지식 그래프와 기계 학습이 같은 것이 아니라, 서로 잘 엮였을 때 원하는 결과를 얻을 수 있었다. 바스카의 비판적 실재론이 인간과 기계 모두에 적용되는 구성주의 학습법 대안을 마련할 수 있다면, 이를 통해 인공지능을 어떻게 교육에 활용할 것인지의 방향성도 자연스럽게 도출될 수 있을 것이다.

참고문헌

Fay, A. L. & Mayer, R. E.(1994). Benefits of teaching design skills before teaching Logo computer programming: Evidence for syntax-independent learning. *Journal of educational computing research*, 11(3), pp.187 – 210. doi: 10.2190/5MN5-P7LW-JRB4-W9T5

Kurland, D. M. & Pea, R. D.(1985). Children's mental models of recursive Logo programs. *Journal of educational computing research*, Cognition, 1(2), pp.235-243. doi: 10.2190/JV9Y-5PD0-MX22-9J4Y

Papert, S.(1980). *Mindstorms: Children, computers, and powerful ideas.* New York: Basic Books.

Pea, R. D. & Kurland, D. M.(1984) On the cognitive effects of learning computer programming. *New ideas in psychology*, 2(2), pp.137-168. doi: 10.1016/0732-118X(84)90018-7.

09
인공지능의 현실적 한계 극복 전략

창의성은 능동적 참여와 탐구로 발현하며, 교육적으로 평가해야 한다. 비판적 실재론에 따르면, 학습자의 행동과 교사의 가이드가 현실에서 만나 유의미한 변화를 이끈다. 하이데거와 드레퓌스는 인간의 직관과 이해 능력이 기계로 재현될 수 없다고 주장했다. 인공지능은 관찰된 데이터에 편중되며, 인간의 직관적 사고와 집단적 기억을 다루지 못한다. 이 한계를 극복하려면 하이브리드 인공지능이 필요하다.

강건성과 그라운딩의 획득

닫힌 교육 체계에서 피교육자가 지식을 잘 전달받았는지를 측정하거나, 열린 교육 체계에서 학습자가 능동적인 탐색을 통해 발견한 것들이 어느 정도인지를 측정하는 일 모두 '머릿속'의 존재이므로 직접적으로 파악할 수는 없다. 측정하는 방법의 정밀도, 정확도 등 측정법의 문제보다 측정의 목적이 더 중요하다. 교육 심리 평가에서 평가는 학습자가 정해진 대로의 교육을 완결 지었는가 하는 성취 목표에 관한 관심과, 동시에 단위별 과정을 잘 따라오고 있는지의 지식 형성 목표에 관한 관심 둘 다 중요하다. 전자는 결과에, 후자는 과정에 더 관심이 많다는 점이 차이점이다. 창의성을 지향하는 열린 교육 체제에서는 당연히 후자에 더 관심이 많다. 개별 학습자별로 학습의 구체적인 목표는 '창의적일 것' 말고는 공통적이지 않으므로, 창의성을 발현하게 하는 과정 – 구성주의 학습 방법론에서는 구성 – 이 더 중요하다. 과정을 평가하는 일은 그러나 매우 어렵다. 학습 환경을 조성하고, 이를 통해 창의성을 북돋는 일이 필요하다는 원칙론에서 한 걸음씩 진행하는 일이 지금까지의 교육 공학의 여정에서 볼 때 매우 어려운 일이었다. 이 문제를 풀기 위해서는 다각도의 분석과 반성이 필요하다.

창의성은 학습자의 적극적인 행동을 기반으로 '무엇'을 만드는 과정을 통해서 발현한다. 영감이나 통찰력은 의자에 앉아 사색하는 과정에서 발현해 문제를 해결하는 놀라운 방법을 알아내기보다는 능동적 참여, 탐구, 제작을 통해서 만들어진다. 비판적 실재론의 관점에서 볼 때, 그리고 이를 축소한 학습자의 실재 3영역으로 볼 때, 몸의 움직임에 대한 패턴 형성, 즉 몸의 움직임을 익혀서 익숙하게 하기 위한 반복 연습-훈련이 실재로부터 사건을 촉발시켜 학습자의 행동이라는 현실적 실재로 진행한다. 반대편에서는 학습자의 경험적 실재 영역에서 출발해, 교사의 가이드에 의한 '의도'라는 사건이 촉발해 역시 현실적 실재로 진행한다. 이 두 가지 반대편 영역인 실재적 영역과 경험적 영역이 '몸'에 의한 행동, 교사에 의한 '의도'에 따라 현실적 영역에서 만나서 교육적으로 유의미한 학습자의 변화를 불러온다. 지금까지 구성주의 학습 방법론과 u-러닝이 창의성의 본질을 정의하고, 이를 곧바로 교육의 영역으로 끌고 들어왔던 철학적 문제, 그리고 u-러닝의 실재적 구현의 문제점을 가져오게 한 첫 번째 원인으로 지목한다. 학습자의 실재 3영역을 완성하기 위해서는 구성주의 학습 방법론의 전환, u-러닝의 방향성 전환 및 구체적 적용 방안 마련이 필요하다.

이를 위해서는 또 다른 의미의 지능인 '인공지능'의 투입과 적용이 필요하다. 더 나아가서 인간 학습의 궁극적 목표인 지식적 실재와 경험의 결합, 몸과 경험의 결합과 같은 방식으로 구현된 3세대 인공지능, 즉 하이브리드 인공지능이 필요하다.

u-러닝의 사라진 컴퓨팅, 살아 있는 공간을 구현하기 위해 인공지능이 필요할 수도 있겠으나, 적어도 지금은 u-러닝, 스마트러닝이라는 과거의 단어에 인공지능을 적용하기보다는 또 다른 의미에서 여러 가지 적용 시나리오가 탐색되고 있다. 물론 최신 인공지능 기반 교육에서도 그 방향성 정립은 뚜렷하게 이뤄지고 있지 않다. 인공지능을 새롭게 학습자의 실재 3영역에 적용해서 새로운 교육의 목표를 정립하고자 할 때, 미리 파악해야 할 중요한 문제가 있다. 바로 인공지능의 한계성이다. 정확하게 언급하자면, 분류기 기반의 인공지능이 가지는 한계성이다. 이는 인공지능 엔지니어링 그 자체로 파악할 수 없고, 바로 더 상위의, 그리고 더 종합적인 논점인 인지 과학의 시각으로 파악해야 한다.

1~2세대 인공지능의 한계성

철학자 하이데거는 관찰 밖에 있는 존재에 대한 이해는

선이해(先理解, preunderstanding)를 통해서만 가능하다고 주장하며 현상학적 해석학의 한계성을 밝힌다. 이해(understanding, verstehen)가 가능한 이유는 인간이 형이상학적으로 초월적이기 때문이다. 지각으로 느낄 수 없는 존재에 대한 인간의 특별성 때문이기도 하다. 현존재는 존재 양식들의 체험된 지평을 나타내는 "세계 내적 존재(being-in-the-world)"다. 하이데거는 이해의 능력을 갖춘 인간만이 존재 가능성을 파악할 수 있다고 한다. 하이데거의 주장은 관념론과 유물론이라는 인식론적 이분법, 즉 물리적인 객관적 세계와 정신적 세계는 어느 한쪽이 없이는 존재가 불가능하다는 것이다. 하이데거가 말한 인지는, 사물 지각을 위해 마음속에 표상이 미리 존재해야 한다는 견해를 거부한다. 이는 앞서 살펴본 바스카의 비판적 실재론에서 실재의 3영역, 즉 실재적 영역, 현실적 영역, 경험적 영역 분할과 같은 견해다. 실재와 경험이 모두 필요한데, 실재는 사건에 의해서 지각적으로 마음속에 입력이 가능한 상태가 되며, 경험 역시 사건에 의해 현실적 영역으로 이어진다는 실재와 경험이 모두 필요하다는 견해다. 하이데거의 세계 내적 존재를 바탕으로, 컴퓨터는 본질적 이해의 능력이 없으므로, 강인공지능은 불가능하다는 견해가 드레퓌스(Dreyfus,

1982, 1992)와 위노그라드(Winograd, 1986)의 주장이다.

드레퓌스는 인간의 문제 해결 사고의 두 가지 기본 유형을 식별한다. 하나는 인간이 모든 가능성을 체계적으로 살펴보거나 명시적으로 언급하지 않고 직관적으로 관심 영역을 식별하는 "초점화"다. 다른 하나는 모든 가능성이 체계적으로 작동되고 철저하게 평가되는 "계산"이다. 지금까지도 컴퓨터가 어떻게 "초점화"될 수 있는지는 명확하지 않지만 "계산"하는 면에서 인간보다 훨씬 나을 수 있다.

위노그라드는 인간의 지능이 순전히 알고리즘이 아니기 때문에 어떤 알고리즘도 그것을 재현할 수 없다고 믿는다. 따라서 그는 우리가 "생각하는 기계"를 결코 가질 수 없으리라 생각한다. 우리가 갖게 될 것은 점점 더 강력한 언어 기계가 될 것이다. 위노그라드에 따르면 컴퓨터는 비(非)알고리즘적인 인간적 사고, 즉 모호한 진술을 해석할 수 있는 사고, 절대로 명시되지 않는 입력을 기반으로 상황의 크기를 직관적으로 조정하거나 모든 입력을 철저히 분석하지 않고 관련한 감각 현상을 즉시 선택하는 사고를 수행할 수 없다. 그러나 그들은 주어진 가능성을 전체 집합에 무차별 대입하고 철저한 조사를 통한 정신적 "단순 작업"에 매우 능숙하다.

인공지능의 한계성은 관찰된 데이터에 편중된 관심이 집중된다는 점이다. 바로 이 점이 사례 연구에서 살펴본 바와 같이, 외부적 지식이 없는 데이터 범주 간 상관관계만을 기계 학습시켰을 때 강건성이 결여되는 이유다. 인간의 사유는 잠정적인 현실과 잠정적인 진리를 상정할 수 있는 놀라운 능력이 있다. 관찰되지 않거나 한 번도 등장하지 않았던 인스턴스를 위한 자리를 마련해 두고, 이를 관찰된 현상과 동등하게 처리해 한 단계 위의 초월적인 사유의 발전을 꾀할 수 있는 능력이 있다. 여기에는 시간적인 스케일(단위)의 문제도 있다. 잠정적인 현실이 어느 주기를 단위로 지켜봐야 하는지는, 개체적 인간의 경우 한 세대인 30~60년이 되겠으나, 현세대인 하나의 세대로 보면 100년=1세기가 한 주기가 되겠다. 시대의 정신이라는 큰 범위로 보면 한 세대는 타입, 하나의 인간은 토큰이라는 개체가 되겠으나 인간의 사유나 지능은 작게는 한 인간의 지각 행동과 기억, 크게는 한 세대의 지각 행동과 기억으로부터 촉발된 인간 커뮤니티의 집단적 창조물인 '문화'에 기인한다. 개체 단위 지각, 판단, 반응도 의미가 있고 집단적 세대의 문화라는 단위의 지각, 판단, 반응도 의미가 있다. 세대 전승의 잠정적 현실과 잠정적 진리가 개체에 이어지므로 인간은 기계와 달리 집단적 기억, 집단적 판단, 집단적 반응이라는 거대 규모의 장시간 블록들을 이어 붙인 지능 발전이 가능하다. 문화가 발전해 온 근본적 원인이라고도 할 수 있을 것이다. 하나의 인스턴스인 한 개체로서의 인간이 보면, 커뮤니티의 스케일은 너무도 길어 불변하는 대상으로 보일 것이다. 정리하자면, 구성주의가 극복하고자 하는 몸 밖의 지식이라는 것이 세대 전승과 심층 추론의 방향을 잡아 주는 역할을 해 왔다는 점을 무시할 수 없다. 2세대 인공지능, 데이터에 집중해 표상을 스스로 학습하는 표상 학습(representation learning)만으로는 인공지능의 한계성에 도달한다는 점을 알 수 있다.

참고문헌

Dreyfus, H.(1992). *What computers still can't do : A critique of artificial reason.* Mass: MIT Press.

Dreyfus, H. Dreyfus(ed.) & Hall, H.(1982). *Husserl, intentionality, and cognitive Science.* Mass: MIT Press, 1982.

Winograd, T. & Flores, F.(1986). *Understanding computers and cognition: A new foundation for design.* New York: Addison-Wesley Publishing Company.

10
인지 융합적 체계와 새로운 인공지능

교육 커리큘럼의 첫 번째 틀은 단선적 · 선형적 틀이다. 정해진 경로와 시간에 따른 학습으로 다양성을 포용하지 못한다. 두 번째는 맞춤형 틀이다. 적응형 학습 관리 시스템을 통해 개인 맞춤형 학습이 가능하지만, 여전히 닫힌 체계다. 세 번째는 학습자 스스로 구성하는 틀이다. 열린 체계 지향의 구성주의 학습법으로, 인공지능의 기술적 한계로 인해 발전이 어렵다. 지능 요소를 나누어 각각 발전시키는 전략이 필요하다.

새로운 교육 인공지능의 성격

유의해야만 할 사항은 기존의 교육 커리큘럼이 어쩔 수 없이 표방하는 단선적 선형적 진행이라는 틀(1번 틀)과, 앞선 교육 철학의 분석에서 등장했던 앞 세대의 지식 체계와 전달 규약을 잘 전달해 피교육생의 머릿속에 각인하는 일이 교육의 전부라는 닫힌 교육 체계 위주의 틀(2번 틀), 1번과 2번 틀의 반발로 학습자 스스로 구성하는 구성이 교육의 전부라는 구성주의 학습 방법론(3번 틀)에서 학습자의 행동을 우선시하지 않는다는 점이다.

a. 단선적 · 선형적 진행의 틀

1번 틀은 경험적으로 만들어 놓은 마일스톤에 따라 계속 진행한다. 이러한 커리큘럼은 학습자 행동의 다양성을 포용하고 기다려 줄 시간이 없다. 시작 역과 종점 역의 출발 도착 시간이 정해져 있고, 중간 정차 역에서 정차할 시간과 기간도 역시 정해져 있으며, 기차의 평균 속력도 정해져 있는 철도와 같다. 행동의 반복을 통한 능숙함의 발달 곡선은, 지식의 강화를 위한 반복을 통한 발달 곡선과 같이 매우 편차가 큰 개인차가 존재한다. 단선적 선형으로 정해진 길을 정해진 시간에 가야만 하는 1번 틀은 학습자 행동이 인공지능에 많은 판단 데이터를 준다고 하더라도 이를 수용해 변용할 인식론적 가능성이 없다.

b. 개별 학생 맞춤식 진행의 틀

2번 틀은 학생의 지식 이해 정도 차이에 의한 수준별 학습, 학습자 개인 수용성을 고려한 커리큘럼 속도 조절이 가능하다. 닫힌 교육 체계와 정해진 전달 규약 내에서 단위 학습 블록의 연쇄를 학생마다 다르게 인공지능이 경로 설정을 해 주거나 보조적인 학습 자료의 추가 전달도 가능하다. 물론 닫힌 체계이므로 단위 학습별로 형성 평가의 항목도 미리 정의 가능하며, 학생들이 치른 형성 평가 결과를 바탕으로 학습 경로를 설정해 준다. 이러한 인공지능 학습 관리 시스템을 적응형 학습 관리 시스템(Adaptive Learning Management System, Adaptive LMS)이라 부른다. 1번 틀과 다른 점은 1번 틀에서는 마치 매스 게임처럼 전체 학습자가 같은 시간, 같은 과정, 같은 목적에 동기화되어 학습해야 하지만, 2번 틀에서는 닫힌 체계 안에서 개인이 스쳐 지나가는 단위 학습 블록의 경로와 개수를 다르게 할 수 있다는 점이다.

개별화 학습, 맞춤식 학습이 어느 정도 가능하므로 주어진 학습 목표를 달성할 가능성이 커진다. 블룸(Bloom)의 2 시그마 문제가 해결될 수 있다. 그러나 2번를 역시 주어진 학습 레벨에서 그래프상의 노드와 에지, 즉 어떤 학습 비트를 선택해 어떻게 후속 비트들과 연결하는가의 조합적 구성이 학생들 간에 다를 뿐이지, 닫혀 있는 체계라는 점은 같다. 적응적 학습 관리 시스템 역시 관리를 위해서 지식 습득, 전달을 양화(quantification)하는 것은 마찬가지다. 문제를 풀 가능성 역시 적응형 학습 관리에서 단위 '학습 비트'를 학습자가 이해했는가 아닌가를 양화한 것과 같은 관리 기법이다. 인공지능에 의한 추정(혹은 양화)은 전혀 새롭게 등장하는 창의적인 문제에 답을 줄 수가 없다. 창의성의 기본 속성인 창발성(emergent phenomena)은 못 보던 새로운 문제가 등장한다는 의미인데, 창의성이 왜 적응(adaptation)과 밀접한 관계가 있는가 하면, 못 보던 새로운 문제를 풀어내는 능력이 창의성이고, 이를 세계와 연관시킨다면 끊임없이 변해서 끊임없이 인간을 괴롭히는 다양한 새로운 문제들이 등장하는 일에 적응하는 것이 바로 창의성을 발휘해 문제를 풀어내는 것으로, 이렇게 해야 삶을 유지할 수 있기 때문이다. 이것이 계속해서 살펴 왔던 강건성이다. 1번 틀과 2번 틀은 모두 지식의 세대 전승이라는 측면, 즉 닫힌 교육 체계와 전달 규범을 익히는 데 초점이 맞춰져 있고, 그중 2번 틀은 좀 더 정교하게 교육 지식 전달을 가능하게 하나 열린 교육 체계로 접근하기 위해서는 또 다른 틀이 필요하다. 특히 단선적인 경로 진행의 1번 틀, 복잡한 경로를 개인에게 최적화시키나, 결국은 학습 목표에 따른 지식을 전달하는 2번 틀은 이 책의 주된 관심사인 학습자 행동이라는 측면에서는 관리가 어렵거나 불가능하다는 문제점에 봉착한다. 지식의 전달과 체화에 중점이 있는 틀의 구조상, 행동이 중심이 되어 무엇인가를 만들어 내기가 어렵기 때문이다.

C. 학습자 스스로 구성하는 진행의 틀

3번 틀은 능동적 행동이 기본적 전제인 열린 체계를 향한 구성주의 학습법이다. 학습자 스스로가 탐색을 해 나가며, 환경과 사회와의 상호 작용을 통해 학습을 진행한다는 앞서 살펴본 대로의 방법론이다. 이는 3세대 인공지능의 정의와 같다. 3번 틀은 학습자 행동이라는 관점에서 1~2번 틀에 비해 진일보했고, 열린 학습 체계에 훨씬 더 잘 어울린다. 그러나 AI라는 인간이 만들어 내는 지능이 환경과의 전면적인 상호 작용이 가능하도록 기술 개발을 진행하는 것이 상당히 어렵거나 불가능하다는 인공지능 불가론자의 지적을 참고한다면, 인간 지능 역시 주어진 시간의 한계 내에서, 또한 주어진 비용과 조건 내에서 기대한 바대로의 발전을 기대하기가 쉽지 않다. 다시 말해서 지금 이러한 프레임워크의 방향성을 유지하면서 인공지능을 동원해 교육의 진보를 이루기 위한 타협점 설정이 필요하다. 3번 틀의 장단점은 1~2번 틀의 장단점과 대비적으로 맞아떨어진다. 두 방법론을 절충하거나 종합하거나 완전히 새로운 다른 방법론을 구축해야 하나, 아주 막연하게 더 많은 정보량을 가진 멀티미디어 교육 콘텐츠, 컴퓨터 소프트웨어 도구를 통한 학습자 사고의 구성 능력 강화, 인터넷 하이퍼링크를 통한 열린 가상 세계를 활용한 교육, 최근에는 2번 틀을 심화한 인공지능 기술 투입을 통한 개인화-맞춤형 교육, 더 나아가서 아주 막연한 인공지능 기반 교육 혁명론까지 기초적인 체계를 현상대로 놔둔 채, 무엇을 덧씌워서 문제를 해결하려는 시도가 이루어져 왔다.

인지 과학의 통합적 역할: 교육적 목적의 인공지능 활용 프레임워크 제공

인간 지능의 발전과 인공지능의 발전, 즉 '지능'의 발전은 창발적인 속성이 강해서 어떠한 발전 단계에 도달할 것을 전제로 하는 설계는 매우 불안정하다. 이러한 설계는 학습자, 즉 사람에게는 진로 설계가 될 것이며 기계에는 상업적으로 의미 있고 효용 있는 서비스의 설계다. 그러나 일직선적인 선상에서의 발전을 전제로 한 설계는 '언제', 그리고 '어느 정도로' 지능이 향상할 것인지 100% 담보할 수 없으므로 외부 변수에 매우 취약하다. 외생 변수에 강건해지려면 지능의 요소를 나누어, 분할된 부분을 각각 발전시켜야 한다. 이를 나눠 설명하자면,

1. 부분적 지능 요소의 다양한 조합의 이점: 학생의 경우 학습을 진행해야 어떤 '지능' 부분의 발달 속도와 정도가 빠르고 깊고, 어떤 부분은 느리고 얕은지를 알 수 있다. 이때 부분화된 지능 요소들의 다양한 조합은 단선적 선형 지능 발달에 비해 더욱 다양한 학생들의 지능 '구성'을 발달시킬 수 있다. 학습을 통한 지능 발달을 방해하는 제약 조건들을 나누어 통치하는 전략이다.

2. 작은 범위의 지능적 서비스의 장점: 상업적 서비스에서는 대중의 강력한 수요 유발이 서비스의 성공과 존속의 관건이 되는 조건이 된다. 강력한 인공지능을 천문학적인 예산으로 완성해 큰 범위의 서비스 플랫폼을 만들겠다는 의도는 투자의 불확실성을 해결하지 못하므로 사업의 시작과 진행이 매우 어렵다. 그러나 소비자 혹은

사용자가 다양한 환경에서 겪는 인지적인 어려움들[예를 들어, 구글에서 TCP/IP, WWW로 촉발된 폭발하는 웹 페이지의 검색, 모빌아이(Mobileye)에서 점점 더 빨라지고 주행 성능이 향상된 자동차의 사고 방지, IBM에서 다양한 소비자들의 목소리를 더 빨리 처리해야 하는 고객 관리 서비스 등]을 부분적인 기계 지능으로 해결하는 것은 개발의 범위도 상대적으로 작고, 예측할 수 있는 성능에 대한 목표치 설정도 상대적으로 쉬우며, 무엇보다도 작은 범위의 지능적 서비스의 성공은 투자자와 소비자의 신뢰를 얻기가 쉽다.

3. 지능 증강의 포지션 설정: 학생을 상대로 하는 지능적인 교육 서비스, 그리고 소비자를 상대로 하는 지능적인 상용 서비스의 인지 과학적 분할 작업에서 주목해야 하는 사항은 학생과 소비자가 객체로서 서비스를 수동적으로 받아들이는 대상이 아니라, 정반대로 주체로서 서비스를 능동적으로 사용하는 상황에서 지능 증강(Information Augmentation, IA)이 해야 할 일의 위치를 찾을 수 있었다는 사실이다. IA는 한 사람의 인지적 능력을 완성하는 것이 목표가 아니므로 AI의 전통적 달성 목표였던 '대화' 로봇, '휴머노이드 노동' 로봇 등을 만들어

낼 수 없다. 사람의 생각을 이해하고 알맞은 대화를 하거나, 사람의 지시를 충실히 이행하기 위해 주어지지 않은 암묵지까지 동원하는 능력이 IA에는 없다. 부분적인 지능이므로, 사용자가 주체적인 행동을 통해 단서 데이터를 제공하면 할수록 IA가 해 줄 수 있는 일이 많다. 인간-컴퓨터의 상호 작용(HCI)이 IA의 또 다른 표현이므로, 양자 간 상호 작용이 많으면 많을수록, 그 상호 작용이 정보로서 분명하게 나타나면 나타날수록, 인간의 지능은 컴퓨터에 의해 더 많이 증강될 수 있다. 인공지능의 기법의 일부분(예를 들어 시각적 객체 인식, 행위 주체 동작 분석 등)과 인간의 행동이 결합하면 전에 없던 새로운 서비스를 시장에 출시할 수 있다. 또한 인간의 행동이 교육-학습과 관련한 학습자 행동이라면, 인공지능과 결합한 학습자 행동은 새로운 교육을 만들 수 있다.

이수화

한림대학교 AI융합연구원 연구 교수다. AI대학-에듀테크 과업을 수행하고 있다. 서울대학교 인문대학 서양사학과에서 문학사, 인지 과학 협동 과정에서 이학석박사(인지 과학)를 각각 받았다. 학사 논문은 "천문학 혁명의 탄생 - 비학적 요소와 과학적 요소의 상호 작용에 관한 고찰", 석사 논문은 "단어 유창성 과제 수행에 동반된 뇌 활성화 양상 - fMRI 연구", 박사 논문은 "자동 평가 기술 기반 구성주의 교육 - 말하기 · 쓰기 자동 오류 교정 기술 사례를 통한 구성주의 교육의 한계성 극복"이다. 인지 기술 상업 소프트웨어 프로젝트를 다수 수행했다. LGCNS 부동산 등기 프로젝트 시스템 엔지니어, 언어과학 영어 발음 교정기 프로젝트 책임자, CREVERSE 전략연구소 소장 · T스마트러닝 · 호두잉글리시 프로젝트 책임자, COGNET9 AI 연구 개발 신사업 책임자를 역임했다. 저서로는 『논리적 사고와 표현』, 『퍼즐과 게임! 인생의 조각 맞추기』, 역서로는 『세계역사를 바꾼 100장면』, 『Corporate Identity』, 『고등교육 분야의 디지털 글쓰기 기술 - 이론, 연구, 실무』가 있다. ≪중앙일보≫ 〈이수화의 마켓나우〉 칼럼니스트이며, 2019년에 〈인공지능 행정서식 도우미〉로 행정안전부 장관상을 수상했다.